THE HAPPINESS INDUSTRY
HOW THE GOVERNMENT AND BIG BUSINESS
SOLD US WELL-BEING

幸福乌托邦

科学如何测量和控制人们的快乐

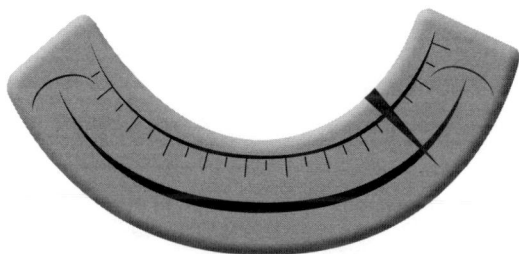

[英]威廉·戴维斯◎著

常　莹　郭丹杰◎译

新华出版社

目 录
CONTENTS

前　言

自 1971 年首次会议以来，每年于达沃斯举办的世界经济论坛已经成为世界经济趋势的一个有效指针。该年会在一月下旬举行，为期数日，企业高管、资深政客、非政府组织代表以及一些知名人士齐聚一堂，就全球经济面临的主要问题发表谈话，决策者们对此也非常关注。

在 20 世纪 70 年代，世界经济论坛还被称为"欧洲管理论坛"。当时，它的首要关注点是欧洲生产率增速下降的问题。到了 80 年代，其最重要的议题变成了市场监管。90 年代，创新和互联网问题开始引起关注。到了 21 世纪初期，在全球经济增长的背景下，伴随着"9·11"之后对于安全问题的显著关注，论坛开始涵盖一系列更加"社会化"的议题。在 2008 年银行业危机之后的五年里，达沃斯会议最关注的是如何引导银行业回到原来的轨道上。

在 2014 年的年会上，与亿万富翁、明星及各国总统一起出现的还有一位出人意料的来客。他是一位佛教僧侣，每天早晨在会议议程开始之前，参会代表都有机会与他一起冥想，并学习放松技能。这位僧侣身穿红黄两色的长袍，手上拿着一台平板电脑，对他的听众们说："你不是自己思想的奴隶"，"一种方法是，你可以静静地关注它们，就像一位牧羊人坐在草地上守望他的羊群一样"。如果他的听众脑海里也是一片草场的话，那么最有可能漫步其间的，就是众多有关股票投资组合或者向高官们违规赠送礼品的想法。

按照达沃斯组织者的竞争性商业原则，他们本是不会邀请一位僧侣的。但他是僧侣中真正的精英，以前是一位法国生物学家，名叫马修·李卡德。他曾在 TED 演讲中就幸福这一话题发表过演讲，本身已小有名气。他被称为"世界上最幸福的人"，因而也是对这个话题最有发言权的人。多年来，他一直在参与威斯康星大学的一项神经系统科学研究。该研究试图找到并理解不同程度的幸福会在大脑中留下哪些痕迹以及会被如何表现出来。每次实验耗时三小时，被试者需要在头部粘贴 256 个传感器，他们的感受通常处于从痛苦（+0.3）到狂喜（−0.3）的范围之内，而李卡德的得分是 −0.45。研究者从未遇到过类似的情形。现在，李卡德在他的笔记本电脑上保留了一份神经系统学家给出的评分表，他的名字令人自豪地排列在最幸福的位置。

李卡德出现在 2014 年达沃斯年会上表明，人们的关注重点与几年前相比有了更全面的转变。论坛上与"专注力"（由一系列积极心理学组合而成的放松技能）、佛教、认知行为疗法以及神经系统科学相关的发言随处可见。此次大会上总计有 25 个以身心健康为主题的会议，比 2008 年的两倍还要多。

"改写大脑"等会议向参会者介绍了能够提升大脑机能的最新技术。"健康即财富"探讨了可以将较高的幸福水平转化为更一般意义上的资本的各种方法。会上有很多公司的营销展，兜售各种工具、应用和建议，来帮助人们过上更为"专注"或者说压力更小的生活。考虑到这是一个集全球重量级决策者于一堂的、独一无二的机会，这点不足为奇。

以上这些内容似乎已经够用心了，但是大会所准备的可不只是各种谈话。每位参会代表都领到了一个可随身携带的小装置，它会持续地将佩戴者的活动信息同步到其智能手机上，并评估其近期活动的健康度。在步行过少或者睡眠不足时，它会将信息反馈给佩戴者。达沃斯的参会者可以借此对自己的生活方式有新的了解。此外，这也给了他们一窥未来的机会：到那时，所有活动对身心的影响都可以被评估。那些过去只有实验室和医院一类的专业机构才能获得的信息，现在只要到达沃斯参加为期四日的论坛就可以获得。

如今，全球的精英人物都为此着迷。幸福有很多种表现形式，它不再是赚钱这一重要事业的有益补充，也不再是一些有闲暇的潮人才会关心的事情。它是一种可测量、可观察、可改进的存在，已经打入了全球经济管理的重要堡垒。过去，世界经济论坛一直在指引我们，如果它仍将继续指引我们，那么资本主义未来的成功，将取决于我们战胜压力、痛苦和疾病并代之以放松和幸福的能力。当下的方法、手段和技术已经能够达到要求，并逐渐渗透到了工作场所、商区、家庭和人们的身体中。

在过去数年间，这件事情的影响范围已经远远超出了这座瑞士雪峰。实际上，它已经逐渐引起了决策者和管理者的注意。现在，包括美国、英国、法国和澳大利亚在内的多国官方统计机构都会定期发布与"国民幸福"水平有关的报告。有一些城市，例如加州的圣莫妮卡，已经开始研究适合于本地的方案。积极心理学运动正在推广一些能够帮助人们提升日常生活幸福水平的技术和口号，倡导者通常会建议人们学着排除无益的想法和记忆。有一些学校已经在尝试将这样的方法加入课程当中，目的是给孩子们提供幸福方面的训练。

越来越多的公司雇用了"首席幸福官"，谷歌内部则有一位"快乐老哥"，负责推广专注力与共情力。专业的幸福顾问向雇主们提供建议助其振奋雇员情绪，向失业人士们提供建议助其重燃工作热情。在伦敦的一个案例中，他们向流离失所的人们提供建议助其充满激情地开始新生活。

科学也在迅猛发展，推动了这一议题的发展。神经系统科学家指出了幸福与忧愁反映在大脑内部生理结构上的不同，就像威斯康星的研究者对马修·李卡德所做的那样；他们还从神经系统的角度上解释了为什么歌唱以及绿色植物似乎能够提升我们的幸福感。他们声称已经找到了产生积极情感与消极情感的精确部位，包括一个遇到刺激会唤起"狂喜"的区域和一个作为"疼痛调节开关"的区域。实验性质的"量化自我"运动通过日记和智能手机应用等创新手段来对研究对象进行个性化的"情绪追踪"。随着这一领域中统计学证据的积累，得益于这些新型数据的"幸福经济学"也得以不断发展，并建立起一幅关于哪些地域、生活方式、就业方式以及消费类型会带来最大程度幸福感的详细图景。

我们的希望正在以一种客观的、可测量的、可执行的方式被有计划地引导到这种对幸福的追求上去。过去，人们认为与情绪有关的问题是"主观的"，现在，我们则以客观的数据来作答。同时，这门关于幸福的科学也已经与经济学及医学的专业知识关联在一起。随着幸福研究越来越跨学科，关于精神、大脑、身体和经济活动的观点彼此融合，但却没有人特别关注与此相关的哲学问题。一个关于人类最佳状态的一般性指标呼之欲出。可以确定的是，那些能够产生幸福相关数据的技术有着相当大的影响力，并且这些技术所能带来的结果对于位高权重者会更有吸引力。

我们有可能反对幸福吗？哲学家们对于这一点是否可行争议颇多。亚里士多德（Aristotle）认为，幸福是人类的终极目标，当然，他是从伦理学的角度去看待这个问题的，并且他的"幸福"概念内涵十分丰富。并非每个人都会赞同他的观点。弗里德里希·尼采（Friedrich Nietzsche）曾经写道："人类并非为了幸福而奋斗，只有英国人才会那样做。"从 20 世纪 90 年代积极心理学和幸福量表进入我们的政治和经济文明中以来，政策制定者和管理者对幸福和健康观点的接受方式已经引发了越来越多的不安。其中的风险在于，这门学科将个人的痛苦归咎于其自身，并对其进行治疗，却忽略了促成这些痛苦的社会环境。

本书对于这种担忧深有同感。精神与神经状况是个人体验，在我们把过多注意力转向它们之前，我们确实还有大量的政治问题和实质性问题有待解决。另外，世界经济论坛的组织者如此热衷于某一项会议议程，这本身就足以引发一些质疑。情绪追踪技术、情感分析方法、舒压冥想术都是为了服务于某些政治和经济利益而被投入使用的。它们不是为了增进我们亚里士多德意义上的幸福而被白白赠送给我们的。积极心理学不断强调幸福是个人"选择"的准则，这一领域的专家虽已意识到人们正试图摆脱消费主义和自我中心主义的现状，但从一定程度上来讲，他们并没有提供具体的解决方案。

以上只是本书表达的批评意见中的一部分。幸福科学在意识形态上的一种处理方法是，将自己作为一种全新的学科，声称自己是克服过去痛苦、政治问题及矛盾的新起点。21 世纪伊始，这个希望表现在对大脑的研究上。研究者给出了这样的承诺："过去，我们对于什么会让人类幸福这一问题的答案一无所知——而现在，我们知道了。"这给我们的一种印象就是，它是一门客观的自然科学，所以，除非是疯了，我们才会不把它用在管理、医学、自我救助、市场营销以及行为转变的策略中去。

如果这种心理学大发展实际上在过去两百多年里一直都存在呢？那些假定精神与物质世界之间的关系可以精确测量的研究早已存在，如果现下的幸福科学只是它们的最新版本呢？本书的目标之一就是向读者展示这方面的内容。从法国大革命时期至今，不断有人在推销一种独特的科学乌托邦理念（这种趋势从 19 世纪晚期开始加速）：道德与政治的核心问题可以借助与人类情感有关的科学得以解决。研究者们对这些情感的科学分类方式有明显的争议。情感有些时候是"情绪的"，有些时候则是"神经中枢的反应""与态度有关的"或"生理性的"。即便如此，它们也呈现出一种共性：将一门关于主观感受的科学作为道德和政治行为的终极指南。

前文提及的会议议程，其精髓源于启蒙运动。而最精于此道的，通常是那些为了一己之私企图控制社会的人。这个不幸的矛盾，决定了幸福产业的发展方式。在批评幸福科学时，我并没有试图否认幸福的伦理价值，更没有无视那些身患忧虑或抑郁症之人的痛苦，我能够理解他们求助于新的行为管理或认知管理技术的做法。我批判的对象，是那些将希望和欢乐夹缠在测量、监视和统治的理论基础中的行为。

　　以上关于政治和历史的考量连带引出了一系列其他问题。认为意识是机械性的或者器官性的、有其自有的行为方式和疾病，这种科学观点与其说是解决疾病的方案，还不如说是造成疾病的一个深层次的文化诱因。也许，我们已经受到了许多相互重叠的（有时还互相矛盾的）、试图观察我们情感和行为的活动的影响。19 世纪末以来，广告商、人力资源经理、政府和制药公司都在对我们进行观察、提供物质激励、施加刺激手段、优化其策略，在心理上先发制人。也许我们现在需要的，不是更多或更好的幸福和行为科学，而是对它们的简化，或者至少使之与现在有所不同。有多大的可能性，200 年后的历史学家在回看 21 世纪初期时会说："哦，是的，那是人类幸福的真相最终被发现的时代。"如果看不到这样的希望，我们为何还要保留这类会议呢，因为它们对位高权重者有用吗？

　　这是否意味着，当下来自政界与商界的爆发性关注只是一时兴起？当我们再次发现将道德与政治问题归约为数值计算是不可能实现的事情之时，这些关注是否就会烟消云散？并非完全如此。有两个非常重要的原因导致了幸福科学在 21 世纪初突然受到如此之多的关注，它们实质上都是社会问题。心理学家、管理者、经济学家和神经系统学家都在推动幸福科学的前进，但是，他们从来没有直接提出过这两个问题。

　　第一个问题与资本主义的本质有关。2014 年，达沃斯会议的一位参会代表曾评论说："是我们自己造成了那些我们正在试图解决的问题。"这其中所包含的真理远比他所意识到的要多。确切地说，他当时正在谈论的问题是，7×24 小时的工作方式和随时待机的数码设备让高级管理者压力过大，以至于他们现在不得不通过冥想来帮助自己舒解压力。这样的论断，可以被更为广泛地用于评价后工业时代的资本主义文化。

从 20 世纪 60 年代开始，西方经济就受困于一个严重的问题，那就是，人们越来越依赖于心理和情绪的参与（在工作、打造品牌和我们自身的健康幸福上都是如此），但同时，人们也发现，要继续这样做正在变得日益困难。个人心理与情绪的各种缺位，经常会表现为抑郁症和各种身心疾病，它们不仅仅是个人的痛苦经历，也越来越成为政策制定者和管理者的困扰，给他们带来经济上的额外支出。来自社会流行病学的证据为我们展示了一幅令人忧虑的前景，高度不平等并有强烈的唯物论主义竞争性价值观的社会是不快乐和抑郁的高发区。工作场所越来越重视社区和心理责任，反对为了经济的长期发展而让人们彼此孤立并感到不安。我们的经济学模型恰恰在削弱它所依赖的心理学属性。

于是，在这个更为广阔的历史视角之下，是政府和企业亲手"造成了他们正在试图解决的那些问题"。幸福科学承诺为我们提供所需的解决方法，并借此建立了影响力。首先，幸福经济学家可以为人们的痛苦和彼此隔绝之类的问题定下货币价格。例如，据民意调查公司盖洛普估计，雇员的不幸福感使得美国经济每年因生产力和税收下降以及卫生保健支出而蒙受 5000 亿美元的损失。这表明，我们的情感和幸福应当被纳入更为广义的经济效率计算中。积极心理学及其相关技术在帮助人们恢复活力和动力方面扮演了关键角色。我们希望能够不必面对任何严重的政治经济问题，就能解决现行政治经济体制中的根本性缺陷。心理学通常就是社会拒绝自我审视的手段。

　　对幸福的关注暴增的第二个结构性原因有些令人困扰，它与科技有关。直到不久前，大部分想了解和操纵他人感受的科学探索，记录的都是人们在正式的、可被辨认的场所（如心理学实验室、医院、办公室、小组访谈会或其他类似地点）中的感受。现在，情况已有所改变。2014 年 7 月，脸书发表了一篇论文，详细描述了它是如何通过操纵用户的新闻推送来改变无数用户的情绪的。这种操作是在私下进行的，因而招来了一片反对之声。但是，当尘埃落定之后，人们的愤怒变成了焦虑：脸书未来还会费力不讨好地发布此类文章吗？还是他们仍会继续做这样的实验，只是不再公开？

　　监控我们的情绪和情感正在成为实体环境的一个功能。2014 年，英国航空公司开始试用"幸福毛毯"，它能通过监控神经系统来反映乘客的满意程度。当乘客逐渐放松下来时，毯子会从红色变成蓝色，告诉空乘人员乘客被照顾得很周到。现在，市场上有一系列用于测量和分析消费者幸福程度的技术，从腕表、智能手机到Vessyl 智能水杯（一种通过监控人体的液体摄入量来评估保健效果的"智能"杯子）。

　　新自由主义支持市场的基本依据之一在于，市场是一个能够捕获无数个人需求、观点和价值观的巨大感知器，并且能将它们转化为价格。也许，我们正处于后新自由主义时代的开端。在这个时代里，市场不再是捕获大众情感的首要工具。一旦幸福监控工具涌入我们的日常生活，其他比市场更能深入我们生活的、对情感进行实时量化的手段就会随之涌现。

　　自由主义者看重隐私，一直都将之视为需要与安全之间相互平衡的一个因素。而现在我们要面对的一个事实是，技术在帮助我们提升健康、幸福、满意度和感官享受的同时，也在一定程度上监视着我们。不管这些监视背后隐藏着什么动机，如果我们认为生活可被操纵的程度应有一个界限，那么我们想要达到的心理和身体积极性也应该有一个界限。任何反对无所不在的监控的观点，都必然会反对冒着损失健康、快乐和财富的风险去追求幸福的最大化。

从历史和社会的角度去理解这股潮流，其本身并不能为我们指明抵抗和改变它的方法。但是，这确实能够带来一个很大的好处：将批评的关注点转向外部世界，而不是向内指向情感、大脑和行为。人们常说，抑郁是"愤怒内化的结果"。尽管积极心理学家"注意到了"我们周围的世界，但是，幸福科学在许多方面还是在"将批评内化"。一味沉迷于各种主观感受的数量指标只可能使批判的注意力从更为广泛的政治和经济问题上偏离开来。比起改变我们的情感，现在更是一个将那些已经被我们内化的东西再重新指向外部的好时机。开始行动的方法之一就是，对幸福测量本身的发展历史保持怀疑。

第一章 了解你的感受

杰里米·边沁（Jeremy Bentham）坐在伦敦霍尔本的哈珀咖啡馆里高喊着"我找到了！"。他的呼喊并不像阿基米德洗澡时那名垂千古的呼喊那样源自内心某个智慧火花的灵光一闪，而是源自英国著名宗教改革家、科学家约瑟夫·普利斯特里（Joseph Priestley）《论政府》一书中的一段话。那段话是这样的：

"国民，更确切地说，是任何国家的大部分国民的利益与幸福，是与该国相关的任何事物之必然而重大的终极评价准则。"

那是 1776 年，边沁十八岁。在接下来的六十年里，他秉持普利斯特里的观点，并将之改造成一种影响深远的政府学说：功利主义。这种理论认为，能够给全民带来最大幸福的行为就是正确的行为。

事实上，边沁高呼"找到了"的那一刻，在智慧上并没有特别新颖独到之处。当然，他也未曾自称是哲学先锋。除了受到普利斯特里的影响之外，边沁也乐于承认他关于人性与动机的理论借鉴了苏格兰哲学家大卫·休谟的思想。他对创造新理论或者撰写大部头的哲学著作没什么兴趣，而且他也从来不怎么享受写作。按照边沁的想法，在我们考虑人类政治和社会改良之类的问题时，任何想法或文字所能达到的成果都是有限的。

"最多数人的最大幸福"应当是政治与道德标准的目标，仅仅只是这么想并没有什么用处；除非能够设计出一系列的工具、技术和方法，将这一信念落实为政府的基本原则。

人们通常认为边沁半是哲学家半是技术专家，而非一位抽象的思想家，许多矛盾之处由此而生。他是知识分子，却有着英国人对于知性主义一脉相承的厌恶。他是法学专家，却认为法律的基石大部分都是彻头彻尾的废话。他是启蒙运动的拥戴者和现代化的推进者，却对任何天赋人权以及自由权利的观点嗤之以鼻。他是享乐主义的拥护者，却神经质地坚持任何快乐都应当被论证。他的个性在各种记录中相去甚远，有些记录呈现出一个充满热情而谦逊的人，另外一些则让我们看到一个自负而傲慢的人。

与父亲的关系给边沁带来了极大的痛苦。他是个柔弱、羞涩还经常郁郁寡欢的孩子。从他五岁起，他父亲就坚持教授他拉丁文和希腊文，所以，他似乎是在父亲的逼迫下才成了一个天才儿童。他去西敏公学读书，作为那里年纪最小的男孩生活得苦不堪言。十二岁的时候，边沁到牛津读书，对化学和生物产生了兴趣。如果说跟之前有什么不同的话，那就是他在大学过得比在公学还不开心。他在自己的房间里搭建了一个小小的化学实验室，在整个青少年时期，他对自然科学都很有兴趣。如果父亲不是那么霸道的话，这无疑会给他那数学家的头脑带来精神上的满足，而这恰恰也是他所追寻的。但是，他做律师的父亲坚持要求他追随自己的脚步，好能获得一份体面的收入。在父亲的威压之下，边沁成为伦敦林肯法律协会的一名律师。

法律工作和父亲的不断影响都让边沁无法快乐。他的羞怯让他惧怕站在法庭上发言。也许，他仍在渴望自己建造的化学实验室，当然，他也渴望情感与肉体上的亲密关系。但是，当他在二十几岁坠入爱河之时，又是父亲站出来表示反对，他反对这段关系的理由是，边沁所爱的女孩不够富有。在这场爱情和金钱的较量中，金钱至上的一方战胜了感情至上的一方。此后，边沁成为性自由的公开拥护者（包括支持同性恋），他认为，这是人类幸福最大化不可或缺的要素。

从进入伦敦林肯法律协会开始，他的职业生涯一直都是两种力量之间的妥协：一方面是其父施加的专业和道德管制，另一方面则是他内心对科学和政治的渴求。他在法律界确实有名，但却从来不是以他父亲期望的方式有名。相反，他开始批判法律，嘲笑法律使用的语言，要求以更为理性的语言代替它；他还设计了一系列的政策和工具，以帮助政府最终摆脱那些在哲理上毫无意义的抽象的道德准则。这种行为没能让边沁变得富有，他在经济上始终依靠父亲定期给予的津贴，他父亲则一直因为自己失败的律师儿子而感到沮丧。

有些时候，作为技术专家的边沁会使作为哲学家的边沁黯然失色。18 世纪 90 年代，他的工作与我们现在所说的公共部门管理顾问类似。这段时间，他主要在设计一些独特的方案和技术，他认为它们有助于提升国家的效率和理性程度。他给内政部写信，建议通过一系列的"谈话管道"将各种政府部门关联起来，以便更好地沟通。他起草了一个被他命名为"冷藏室"的计划，以保证食物的新鲜度。他给英格兰银行写信，绘制了一种打印设备的蓝图，这种打印设备可以制作无法伪造的银行票据。

这些作为工程师的职业经历是他关于更为理性的政治形态的观点的一部分，也激发了他许多更为著名的政策提议，比如在 18 世纪 90 年代差点被写入英国法律的"圆形监狱"建议。18 世纪 70 年代晚期，他开始写一些惩罚方面的文章，这主要是因为，如果能够根据人们追求欢乐、逃避痛苦的自然心理倾向来设计惩罚的话，那么惩罚似乎能提供一种合理的手段来影响人们的行为。这从来都不只是一个学术或者理论问题——这些作品中的一小部分直到几年后才得以发表，他的目标一直都是推动公共政策的变革。而这确实需要对人类心理的本质进行深刻的思考。

幸福的科学

边沁猛烈地抨击当时的法律制度，但是他对其他领域爆发的激进革命运动几乎没有任何共鸣。他对法国大革命和美国独立战争的政治诉求表示轻蔑。"天赋人权完全是胡说八道，"

他公开表示说，"与生俱来且不可侵犯的权利，不过是随口说说的无稽之谈——夸张的胡说八道。"托马斯·潘恩之流的激进哲学家在鼓吹这类诉求时，犯了与那些宣称君权神授或受法力庇护的君主及宗教领袖同样的错误：他们都在谈论一些缺乏真凭实据的事情。

边沁认为，政治和法律决策的建立应以真实的经验数据为基础。在这一点上，他是自那时起便被称为"基于证据的决策"的发明者，这种观点认为，政府干预应完全以事实和数据为指导，不应掺杂任何道德或意识形态的因素。当我们用可测量的结果来评估一项政策，或者用投入产出分析来评价它的效率时，都是受到了边沁主张的影响。

在边沁看来，自然科学的大发展得益于其摆脱无意义语言的能力。政治和法律都应该学习这一经验。边沁认为，每个名词都指向一个"真实的"或"虚构的"实体——但是我们经常未能注意到其中的区别。"善良""责任""存在""精神""正义""不公""权威""事业"这样的词汇，也许对我们来说是有意义的，而且也在哲学话语中占据主导地位。但至少对于边沁而言，这些词实际上不指代任何事物。他认为："命题越抽象，越容易产生谬误。"而问题就在于，我们经常错误地把这些命题当成了真实存在的东西。

相比之下，自然科学的语言是按照它与真实存在的有形事物之间的关系组织起来的，每个单词都指向一个具体事物。然而，政治或法律的语言应当如何按照这种方式组织起来呢？一位化学家给某种物质命名是一回事，但让一位法官或政府官员这么严格地使用语言则完全是另一回事。在任何情况下都真实存在的有形组成部分是什么？如果政治不再关注"公正"或者"君权神授"之类的抽象问题，那么它又应该关心什么呢？

边沁的答案是幸福。他认为，这一实体根植于某种"真实的"事物。实际是怎样的呢？从哪种意义上来看，"幸福"这个词会较"美德"之类的词少一些虚幻？为了回答这个问题，边沁采用了一种自然主义形式的论断。"自然将人类置于两位至高无上的统治者的管理之下，即痛苦和快乐。"他碰巧说对了。也许幸福本身并不是一个客观的物理现象，但它是各种快乐源泉的结果，有着坚实的生理学依据。

与我们脑中出现的很多其他事情不同，幸福是由一些真实而客观的事物引起的。它提醒我们，人类是生物学和物质意义上的存在，有欲望和恐惧，与其他动物没有什么不同。我们可以用一种科学的方式研究幸福，但不能以此来研究其他几乎所有的哲学范畴。如果存在这样一门研究幸福的科学，那么它会为政府制定政策法律提供一个全新的依据，也同样会支持我们仅仅依据现实和理性来提升人类的福祉。

有人可能会拿边沁自己的生活经历来攻击这种心理政治学的基础。作者自己的不幸经历是这一学说的悲剧性前提：忍受痛苦是全体人类共有的一种能力。只有国家向着减轻痛苦和提升幸福的方向进行整体转型，才能让人们看到乐观的希望。众所周知，边沁对别人的痛苦有着非同寻常的感同身受，经常到了过分的程度。他敏感的天性让他非常容易感受他人的不幸。作为一种道德哲学，功利主义的一大优点就在于同理心这一要素，它认为，我们应当像对待自己的幸福一样严肃地看待其他人的幸福。鉴于人类并非唯一一个会遭受痛苦的物种，许多功利主义者也将这种观点扩展到了动物身上。

在对人类心理动机有了更好的了解之后，政策制定者也许就能够调整人类的行为，实现全体国民的幸福最大化。关于惩罚的问题之所以会占据边沁如此多的时间和精力，是因为它似乎是法律制定者在操控个体行为向理想方向发展时所能使用的最为有效的工具。他认为，"政府的职责就是通过惩罚和奖励来促进社会的幸福。"边沁是自由市场的公开支持者，认为它会在很大程度上承担"政府职责"中奖励的部分；国家要承担的是惩罚的部分。让人们的身体和精神感到痛苦，可以使政治成为真实且可感知的事物，摆脱那个由语言建造起来的虚幻世界。与当时启蒙运动的乐观愿景相比，边沁对未来的展望比大多数人都要悲观。

边沁关注人类肉体遭受痛苦的野蛮现实，我们可以认为这与他对语言的质疑相辅相成。文化历史学家乔安娜·伯克曾着重论述过18世纪以来语言与痛苦之间那令人忧虑的联系。总而言之，语言似乎无法描述痛苦，或者说，痛苦作为一个禁忌的话题，人们只能默默承受。长久以来，我们认为受害者（尤其是那些品格上受到质疑的受害者）夸大了或未能正确描述自己的痛苦。在这里，我们像边沁一样，认为痛苦是一种客观现实，受害者如果能掌握更好的工具就可以将它们表达出来。这为学者们提供了一种理解和刻画现实的方法，如果受害者自己无法表达情感，那就以数字来描述；这种方法建立在语言无法描述感受的假设之上。

因此，幸福科学是建立理性政治与法律的关键条件。我们可以用它来改变人们的行为，使其向着对每个人都最好的方向转变。并且，随着政治变得更加科学，它将能够预测各种不同的干预手段对个人行为的不同影响。这不是虚无缥缈的、形而上学意义上的"幸福"，当然也不是亚里士多德所理解的那种道德意义上的幸福。它是人体内部产生的一种心理上的幸福感受。当代的神经系统科学将这种把心理学还原为生物过程的思路发挥到了极致，它应该会将边沁的学说视为我们所有政治和道德问题的答案。反过来看，当下许多关于大脑和行为的科学研究都预设了很强的边沁主义前提。

2014 年，康奈尔大学一组研究人员发表的一项神经系统科学研究就很能说明问题。研究人员声称，他们已经破解了人脑处理各种欢乐和痛苦的"密码"。他们认为，这一研究成果突破了神经系统科学"最后的边界"，也就是说，他们发现了我们内心情感的秘密。第一作者解释说：

"人类的大脑似乎会以一种特殊的编码来表示从幸福到不快、从好到坏的各种感受，这是一个完整的效价谱系，它就像一个'神经效价表'一样供人读取，这个效价表会将某个方向的一组神经元等价于积极的情感、将另一方向的一组神经元等价于消极的情感。"

这个关于快乐和痛苦如何表现为生理反应的描述与边沁之前的假设多多少少有些相似，它提出了一个问题：边沁的学说受其所处文化背景的影响，神经系统科学家又有多大可能摆脱文化背景对他们的影响呢？那些拥有测试设备的科学家即使不是必然，也难免偶尔会凑巧遇上某些身体器官上装有测试设备的被试者。

这一研究触及了功利主义一个很大的争议点：是否可以用单一的维度来衡量各种不同的人类体验。显然，康奈尔大学的研究者们相信自己可以做到："如果你和我在啜饮美酒或观赏落日时感到了相似的欢愉，我们的测量结果会告诉你那是因为我们的眶额叶皮层在进行相似的精密活动。"如果我们说的是美酒或落日，那么这么说也没什么大碍。若是将关于爱或艺术之美的深刻体验与吸毒或购物之类的低俗体验相提并论，认为所有快乐的感觉都是眶额叶皮层同一运行机制的产物，那问题就比较严重了。

哲学家将这种认为可以用单一维度来衡量所有快乐和痛苦的观点称为"一元论"。边沁是最卓越的一元论者。我们以不同的词句描述各种类型的快乐和满足，对此他并不否认。但他认为，这些不同语言形式的客观基础是一致的，那就是我们都感受到了肉体上的欢愉。我们天生就会追逐"好处、利益、快乐、善良和幸福，而它们造成的结果其实是一样的。"同样，来源于身体疼痛体验的痛苦感受，代表了一系列程度相异但本质相同的存在。

在所有"好的"和"坏的"体验或行动之下，存在一种根本的身体感觉；一旦我们接受这个观点，那么随之而来的就是，这种感觉只有程度上的区别。边沁在这个问题上没有进行任何科学研究，但他提出了一个心理学模型，详细描述了衡量快乐程度差异的各种方式。他关于这个问题最著名的作品是《道德与立法原理导论》，书中描述了七种方式，大部分都可以用数学来表达。快乐的"持续时间"是一个相对常见的定量分类。按现在的眼光来看，未来快乐的"确定性"与风险数量模型是一致的。一种行为在人群中的影响"范围"是另一个简单的数量尺度。

在边沁的整个科学研究事业中，最主要的绊脚石是其中一个被命名为"强度"的指标——一个被特别用来衡量变化程度的指标。科学家、立法者、惩罚者和政策制定者要如何了解某种欢乐或痛苦的强烈程度？当然，可以让一个人通过内省的方式来为自己的经历打分，但这很难称得上是一个非常科学的方法。或者也可以让人们用语言描述自己的体验。但这样一来，就像我们讨论人何以为人一样，功利主义岂不是倒退成了哲学语言中所谓的"语言的暴政"？衡量各种快乐与痛苦的强度是边沁未能解决的一个技术问题。

如何测量

18 世纪是一个伟大的创新时代，人类发明了很多测量工具。1724 年发明了温度计，1757 年发明了六分仪，用来测量任何可见物体（如星星）之间的夹角，1761 年发明了船钟。新的测量工具和标准的面世是 18 世纪 90 年代法国大革命的主要成就之一。这其中就包括由铂金制成的最原始的米原器，如今，它被保存在法国档案局的保险库中。

对可靠的标准化测量工具的需求，切中启蒙运动的核心诉求，而边沁职业生涯的前半段恰逢启蒙运动的高潮时期。正如伊曼努尔·康德（Immanuel Kant）在 1784 年所说，启蒙运动意味着人类脱离了"自我导致的不成熟"，"不成熟意味着一个人无法脱离其他人的指引来运用自己的理解力。"以前的人们可以容忍宗教和政治权威混淆是非、不辨对错，但启蒙时代的公民与先人不同，他们只信奉自己的判断。康德提出，"要有勇气运用你自己的理智。"这是启蒙运动的座右铭，鼓励人们敢于求知。个人的批判性思考是真理唯一的权威指针。为此，就要做到一件同等重要的事情，那就是让每个人都使用同样的比较标准，否则，整个启蒙运动就会碎裂为个人主观感受的相对主义虚幻泡沫。

边沁希望以同样的科学眼光批判地看待政治、刑罚和法律的运作。边沁不认同对正义以及普遍价值的无条件信仰，他坚持认为，我们应当了解如何让人们更加幸福，并且平等地对待每个人的感受。他非常清楚应该如何构建科学问题——这项政策、法律或者刑罚是增加还是减少了整个社会的幸福?

但当时有什么测量工具可以用来收集答案?人们总是能很好地体会其他人的痛苦,毫无疑问,边沁就是这么做的。但是,他们没有一个能够比较各种幸福和痛苦的标准,功利主义者所为全凭臆测。另一方面,幸福和痛苦感受的根本属性就是它们的主观性。寻找关于幸福的通用衡量标准困难重重。

边沁对其政治研究的可行性一贯精益求精,但是对这个问题却出人意料地没有过多关注。他曾在偶然间提到,关于政治决策的"最大幸福"原则只是一个原理,永远不可能真正地转化成一项定量科学。但是,考虑到边沁的心理学一贯采用真实可靠的实证信息,以及他对各种哲学抽象的严苛批评,我们应当严肃地看待他的工作,他确实准备通过测量与计算的技术形式来重建政治和法律。如果幸福是人类福祉中唯一可以以科学眼光去看待的一种,那么,我们没有理由不去尝试以科学的方法来追求幸福。于是,我们又回到了那个问题上:应当如何衡量一种快乐或痛苦感受的强度?效用是如何以这样一种可经测量而被理解的方式表现出来的?

对于这个问题,边沁仅仅给出了两个假设性的答案,他没有通过实践或者实验的方式验证过任何一个。两个答案都给出了可用来识别幸福的代理变量,可这并不表示这种感情本身可以被测量。但是,在每个答案中,他都在无意间指向了一个广阔的科学研究领域,在他之后,心理学家、市场营销者、政策制定者、医生、精神病学家、人力资源专家、社交媒体分析师、经济学家、神经系统科学家，以及人们自己都在对其进行探索。

边沁的第一个答案是，人类的脉搏可以作为一个衡量快乐的指标，以此来解决测量幸福的问题。他本人对这个方法并不是特别采信，但是，他相信身体会提供一些可测量的表现来帮助人们了解意识中正在发生的事情。鉴于幸福本质上是各种快乐感觉的组合，这种认为可以通过身体来探寻一个人幸福水平的观点也不足为奇。在日常生活中，我们可以从直觉上理解这一点，比如说，我们会通过他人的面部表情或肢体语言来了解其内心。这样看来，有一门研究此类信号的科学是合理的。脉搏似乎为我们提供了一种比文化更加可靠的定量科学指标。语言可以欺瞒，但是心跳无法造假。

边沁的第二个答案是货币定价，他对此颇为热衷。如果两个商品要价相同，我们就可以假定它们会带给消费者等量的效用。提出这一论断的边沁远远超越了他的时代。经济学家在他辞世三十年后才达到了他在这一问题上的研究水准；不过，边沁对市场上的个人交易没什么兴趣，他关注的是，政府可以做哪些事情来影响大众的幸福，因而他没有像经济学家一样投入大量心血去研究这个问题。尽管如此，边沁提出了货币与我们内心感受之间的特殊关系，它几乎比其他任何测量手段都更加有力，这为心理学研究与资本主义的融合奠定了基础，而这种融合将塑造 20 世纪的商业形态。

货币还是身体，经济学还是生理学，交易还是诊断：这在过去是一个选择，现在也仍然是。如果政治能够摆脱那些毫无意义的抽象名词进而成为一门科学，那么，我们也将会通过经济学或生理学或两者的某种结合来找到这个问题的答案。2014年9月苹果6面市的时候，苹果公司着重强调了其两点创新：一个是一款能够监控身体活动的应用，另一个是支持内置付费的功能。每当专家们想要观察我们的购物习惯、大脑活动或者压力水平时，他们都是在边沁多年前描绘的图景中添砖加瓦。货币在这类研究中的地位非常有趣。人们攻击那些政治与道德名词，认为它们是空虚而毫无意义的抽象概念，却相信货币价值与我们的内心感受之间有着可靠而天然的联系。19世纪后期以来，经济学更像一门自然科学而非一门社会科学，这种特殊状态就是这一世界观的表现。

度量问题似乎是一个无聊的科学研究方法问题。当然，我们都知道边沁所说的政府应该追求所有人的最大幸福是什么意思。但我们真的有必要纠结于如何测量幸福的细节吗？我们确实可以将边沁看作一位哲学家，而不去考虑他那富有创造性的想法和他在技术上的展望。我们可以在哲学研究室里做些文本解析的游戏，只着眼于功利主义在抽象层面起作用的方式。

我们不清楚边沁是否会为他留给我们的这一遗产感到开心，更不能确定这是不是他留给我们最宝贵的遗产。但毫无疑问的是，边沁主义提出的技术、计算和方法论层面的各种问题，是他在政治、经济、医学和个人生活的构建工作中提出的最富有革新力的问题。由此可知，在功利主义开始着手构建我们的社会之时，通过生理指标（比如脉搏）还是货币价格来表示幸福会是一个至关重要的问题。然而，对构建感觉量化测量的系统尝试直至边沁 1832 年辞世之后数年才开始。

莱比锡城的举重实验

1850 年 10 月 22 日，在德国的莱比锡，又一个"我发现了"的瞬间出现了。神学家、物理学家古斯塔夫·费希纳（Gustav Fechner）在摆脱了长期的神经衰弱后突然意识到，也许可以通过数学来解决曾经困扰了那么多德国哲学家的身心关系问题。他在日记中写下了取得这一突破性进展的日期。

精神与物质世界（包括身体在内）的关系，是现代哲学的基本问题。勒奈·笛卡尔（Rene Descartes）怀疑物质世界的真实性，却又确信自己是存在的，这是一种精神 – 物质世界二元论思想。二元论在哲学上的位置非常尴尬，总是有被还原为二元中的某一元的危险：或者将整个世界还原为思维的结果（唯心主义），或者将思维还原为仅仅是一种被自然力量控制的物理存在（经验主义），正如边沁设想的那样。众多启蒙运动思想家都曾努力尝试过解决这一问题，其中尤以康德为最。他相信自己不会陷入以上任何一种境地，他的方法是，对各类科学知识和各种道德哲学原理进行系统性的区分。在康德看来，人类的思想无疑属于后者，因此，不可能存在一种关于灵魂的科学。

费希纳是一位二元论者，但又有些特殊。他有着强烈的折中主义思想基础，这使他在传统哲学问题的领域内具有非同寻常的地位。费希纳是一位牧师的儿子，父亲自小教授他拉丁文（就像边沁的父亲一样）。他在莱比锡大学学习医学，却借此机会学习了植物学、动物学、物理学和化学的相关课程。同时，他也接触到了异常丰富的德国唯心主义哲学，包括谢林（Schelling）的自然哲学、浪漫主义以及黑格尔（Hegel）的思想。在学术生涯早期，他一面进行电学实验，一面参与关于灵魂本质的神学讨论。现在，我们将"科学"和"哲学"视为两个独立的领域，但是在19世纪30年代的德国大学里，它们密不可分。

如今，费希纳也许会被认为是一位新世纪思想家。他的天才之处在于，他能够找到一种方法将他迥相的两种学术兴趣结合在一起，他既是一位哲学家也是一位科学家，既是一位精神治疗师也是一位内科医师。在这个过程中，他将精神问题引入到了科学领域（在康德看来，精神绝对独立于科学知识的范畴之外）。因此，费希纳是如今我们所谓的心理学发展历程中具有代表性的关键人物之一。

数学会以何种方式来帮助我们解决身心关系问题呢？答案要从费希纳与物理学的渊源说起。在19世纪40年代，许多德国物理学家都以公式的形式来表达"能量守恒定律"，他们的创新之处在于对根本性问题的不同理解。这一定律表明，能量是不会消失的：它的形式可能会有所变化，但数量不会增减。按照这一定律，在热能转化为光能或者煤炭转化为热能的过程中，能量的总量会保持不变。这可以被认为是一元论的另一种表达方式。在工业革命的背景之下，这一发现让人们生出无限乐观的想象，认为技术效率没有上限。

　　物理学的这一突破性进展极大地提升了数学对各种变化的解释能力。人们发现了一种潜在的数量守恒规律。费希纳的创新之处在于，他将这一规律扩展至此前隶属于哲学领域的问题上。如果物理学家的理论是正确的，那么，即使是精神也能够被这个数学的框架所涵盖。费希纳重大贡献的有趣之处在于，他并非只是提出了一种生物还原论的观点。他坚定不移地相信意识并非由物质组成，不过他认为，"意志、思想、人的整个思维应当尽可能地自由，但思维的自由必然会遵循动能的一般定律，而不是与之相反。"按照费希纳的理解，能量会在思维和身体之间互相转换，并且在转换过程中遵循其数学上的规律。

　　费希纳的学说被称为"心理物理学"，他认为，意识和物质是相互独立的存在，但彼此之间存在稳定的数学关系。费希纳的心理学理论在某种程度上与边沁的学说有相似之处。他也相信人类会追求快乐，不过，他更倾向于将之视为一种自发的欲望，而不是一种人的自然属性（他创造了一个术语——"快乐原则"，后来被西格蒙德·弗洛伊德采用）。

　　费希纳认为，自己与边沁的英国经验主义有两点不同。首先，哲学对他并不构成威胁。他认为，"灵魂""意识""自由"以及"上帝"一类的词汇确有其指，虽然它们并不具备物理或测量上的意义。这是他受黑格尔影响的证据。心理物理学家的哲学创新表明，这些词汇所指的实体可以以某种方式通过身体被感知。跨越物质及非物质领域的能量守恒意味着，必须要在哲学理念与物质及各种身体相关的事物之间建立起稳固的数学关系。

费希纳相信，哲学思想和科学事实是两个平行的领域，因此，他是一个二元论者。但他与笛卡尔及康德等哲学二元论者的区别在于，他的信仰多多少少带有一些神秘主义的色彩，他相信，物质和意识之间存在某种数理上的和谐。用费希纳所处经济背景下的工业来做类比可以帮助我们理解。有形的蒸汽机为人们的工作增添了无形的助力；同样，一个人也应被视为无形意识与有形肉体的融合。

其次，费希纳致力于探索这种数量关系究竟是如何发生作用的。从 1855 年开始，他开始进行一系列神秘的实验，他在实验中举起重量有细微差别的物体来测试物质重量与主观感觉之间的关系。如果我举起重量非常相似的两个物体，那么两者的差别到底大到什么程度才能让我准确地分辨出哪个更重？费希纳用来测定这一差别的计量单位就是他所谓的"最小可觉差"。

或者，在我已经举起一定的重量时，如果有人再把这个分量的一半加上来，那么我感受到的重量会增加多少？我的感觉也会增加这么多（就像有些人期待的那样），还是会少于这个数量？一旦我们能够恰当地测量精神与肉体这两个领域之间的关系，这个哲学问题在科学上就将是可解的。心理学家对这项研究的野心相当宏大，当然，用来承载这种野心的实验手段有些简陋。

边沁设计过多种方案和政策，比如监狱蓝图、关于"谈话管道"的建议书，等等，但他并没有就人类的身体本身做过任何研究，除了在理论上提出使用脉搏或货币作为衡量手段之外，他在测量的问题上也没有其他进展。英国的哲学家们倾向于承认物质和感官世界胜过玄奥的概念，但他们之所以会产生这种倾向，却恰恰是因为他们只是在概念的层面上研究问题。有趣的是，正是奉行理想主义、神秘主义和浪漫主义的费希纳，通过实验的方式去探索人类的身体、测量他们的感受，才将形而上学拖下了神坛。

正是因为费希纳并不像边沁一样确信物质应当优于精神，他才会去测试两者之间的关系。他的理论既未表明生理过程决定心理过程，也未表明心理过程决定生理过程。这是一种对未知科学领域的探索，到了 19 世纪末期，心理学家、经济学家和处于发展初期的管理咨询行业都加入了进来。定量心理学和经济心理学已显现雏形，在他们的理论中，关于意识的理论让位于量表及其他测量工具，就如同边沁当年所设想的一样。关于专业人士可以影响个人感受和行为的想法也已经在技术及操作层面成为可能。

身体的民主

在功能性磁共振成像扫描仪时代，人们越来越多地在谈论我们的大脑"在做什么""想要什么"或者"感受如何"。在很多情况下，这比任何语言描述都更能表明人的意图。2005 年牛津大学的神经系统科学家艾琳·特雷西发表了一篇题为《痛苦无需讲述》的文章。营销大师马丁·林斯特龙使用功能性磁共振成像扫描仪技术研究了数千名消费者的脑部活动，他的工作建立在一个观点的基础之上，那就是，"人会说谎，但大脑不会。"心灵管理领域的技术手段并没有达到这么高的水平，比如，进行专注训练的人们会被引导专注于当下的所思所感，以缓解焦虑情绪。冥想能够帮助人们在一个安静的过程中观察自己、接受自己。

这引出了一连串的问题。身体或自我的某一个部分会如何控制它们的表达？专家们何以断言自己能够理解它们所传递的信息？专家们的论断以边沁和费希纳最先提出的一些观点和技术为前提。其中最重要的便是，他们对于语言作为一种表达手段的不信任。边沁对"语言的暴政"的担忧，导致了人们对于个人能够恰当地自我表达的怀疑。当然，边沁承认，个人才是其自身生活中快乐和幸福的最佳评判者。但是，为了制定公共政策，我们需要发明其他的一些方法来探索如何让人们感到快乐。

因为语言似乎不能恰当地表达人们的感受、欲望和价值观，我们发明了各种解读心智的技术。无论那些技术是否引入了货币、价格或者其他与人类身体有关的测量指标（例如测量脉搏、出汗量和疲劳程度的监控器），这门研究我们内心感受的科学正在寻求彻底摆脱语言、发现真相的方法。其中最令人瞩目的案例之一发布于 2014 年，新闻报道称，科学家使用脑电图神经扫描仪首次捕获了大脑之间交流的"心电感应信号"。这一科学发展的终点将会带给我们一个沉默的民主国家，国民徒有一副沉默的躯壳。边沁没有说明欢乐和痛苦的度量边界何在，而费希纳则只在自己身上进行过实验，没有测试过任何其他人。但是，根据他们的逻辑推论，这两位博学之人的工作都表明，专家与政府将可以在没有听取民众意见的情况下预知哪些措施将给我们带来好处。

这样的思考方法遗漏了一个重要因素。在边沁和费希纳的一元论世界观里，各种体验只在程度上有所差别，分布在从极乐至极苦的单一维度上。这种一元论所必需的简化忽略了一个可能性，那就是，人们或许会因为某些个人原因而感到开心或不开心，这些原因与他们自身的感受同等重要。我们要认识到，在了解人们对事情的"批判""褒贬"或"需求"（以及了解他们对某件事情的"感激"或"认可"）时，个人才是对自身思想及身体表现最有发言权的。这意味着，我们要了解比如说"绝望"和"悲伤"之间的区别，也要具备审慎且准确使用这些词汇的能力。比如，如果某人说自己"生气了"，而我们的反应是想让他好受一点，这种做法也许完全错失了重点。它甚至会被认为是一种冒犯。英美两国的收入差距已经达到了上世纪 20 年代以来从未有过的高度，如果有人因此而感到不开心，那么某些幸福经济学家会建议说，最好的办法是不去知道别人的收入水平；这看起来就像是绝望的自欺欺人。在一元论者看来，感情就是欢乐或痛苦的经历，它们在人们脑海中静静地波动，表现出一些专家可以识别的表征。

这对政治权力和道德权威的本质有深远的影响。在边沁所设想的理性开明的社会中，所有机构都被认为能够良好地适应人类各种变幻莫测的心理状态。管理一个现代的宽容社会似乎要处理好两类重要事物之间的冲突。一方面是意识的运作形式，追逐幸福和回避痛苦两者支配着意识，它们就如同进食和睡眠一样不可回避。另一方面，人们设计了很多物质手段试图改变这种心理，例如货币刺激、社会声誉、体罚及监禁、美的诱惑，以及规则与条例，等等。如果不考虑个人会考量的各种因素，这些手段都无法起到作用。

在我们的社会里，政治权力掌握在那些最善于评估和管理个体的人们手中。随着近来各种新自由主义政治形式的不断涌现，我们没有理由再让国家直接负责管理人们的这种心理动机。要是撒切尔主义和工作福利制早将近两个世纪出现就好了，边沁的政策建议之一就是，由国家建立一个国家级慈善公司（一个以东印度公司为蓝本建立的股份制公司），来为私营"工业组织"提供成千上万的就业机会，以减少贫困。他关于圆形监狱的提议中也包括由获得国家许可的私人公司建立和运营监狱的建议。杰里米·边沁不满足于重构法定权力的底层基础，他算得上是公有企业业务外包策略之父。

费希纳提出了一种更为密切地对个体进行微观管理的方法。他在将思维与物质世界之间的关系表示为数值比例的同时，隐含地提供了两种可供选择的、提升人类命运的方法。如果某种特定的物理环境（比如职业或者贫困）引发了痛苦，那就应当引入先进的手段来改变这种环境。另一种等价的方式则专注于改变人们体验这种环境的方式。在追随费希纳脚步的专家中有很多精神病学家、理疗师和分析师，他们以批判的眼光看待费希纳的这一观点，即感受是人的主观体验，而不是客观环境引发的结果。如果举重变得过于痛苦，那么你就面临一个选择：减轻举起的重量或者减少对痛苦的关注。在 21 世纪早期，越来越多的"适应力"训练、专注力训练和认知行为疗法方面的专家倾向于选择后一种策略。

各种类型的机构和专家都试图通过介入法干预个体的心理运行机制和感觉。我们将其中一些手段归类为"医学的"或"管理的"，其他的归类为"教育的"或"惩罚的"。但实际上，这些术语只是更加地抽象和虚幻。真正重要的是，这些专家该如何有效地完成自己的任务，通过胡萝卜加棍棒的政策来调整及改善人们的行为和体验。

幸福是可见的吗

2013 年，英国的切尔滕纳姆文化节向参与者介绍了一种创新性的评估方式，以了解文化节推介内容为参会人员带来的价值。文化节使用了一种由 Qualia 公司开发的技术，在活动场地四处架设起摄像机，用以捕捉四处游走的游客们脸上的笑容。计算机中设定了可以解读笑容并将之转化为数值的形式。在澳大利亚菲利普港城也曾进行过一次实验，研究者走上街头，尝试记录他们在身旁路人脸上看到的笑容数量，进而度量幸福水平；文化节上的实验与此类似，但实施方法的科技含量更高。菲利普港的实验按日生成了"每小时笑容数量"指标。

Qualia 公司的技术仍然不够智能；计算机区分"真心的"和"伪装的"笑容的能力远不如人。但研究笑容的科学在心理和生理的多个方向都在快速发展。生理方面的应用进展显示，笑容能够加快病人的恢复速度；笑脸有助于降低攻击性。实验结果表明，"发自内心的"笑容与"社交性的"笑容会引发不同的情感和行为反馈。

与脉搏、货币或者两个重量之间的"最小可觉差"一样，笑容也是反映内心活动的一个潜在指标。近来，又有很多类似指标加入到这个清单中来，从苹果的"智能"手表和谷歌的压力监控，到心理测量学用来评估抑郁程度的感受调查问卷。这些方法都在尝试让主观体验变得具体可感，从而可以进行相互比较。就像在海面上使用声纳技术来对海底进行测绘一样，这些工具也在试图挖掘我们的感受，并将之大白于天下。

此类项目也总是会引发人们的担忧。有些事情与幸福同样重要，可是我们从来没有看到过对这些具有重大哲学意义的事物的恰当测量。我们一般都能接受海底地形图与海底本身并不完全一致，因为它只是对海底的一种描绘，有各种这样或那样的不一致之处。但在幸福的问题上，我们却总是感到失望。人们普遍认为，被量化的笑容、心率、货币价格以及"最小可觉差"都没能兼顾情感体验本质属性的关键方面。笑容当然能够揭示人们的某些方面——但也必然不是一个科学而系统的表达。

让我们再来看看边沁政治科学的基础。"自然将人类置于两位至高无上的统治者的管理之下，它们就是痛苦和快乐。"边沁作出这样的论断，是希望能够让政治方案不再建立在抽象和不科学的基础之上。但是，从哪里能看出来他所谓的"自然"真的不那么抽象？自然从什么时候开始要负责为某一个物种选出"至高无上的统治者"？这些话听起来就像形而上学一样令人生疑。边沁对哲学的抽象有多么不认同，他自己学说中的抽象就有多么强，即便他对动机的刻画足够科学系统也无济于事。但幸福的概念如果不这么抽象，它又无法被当作政府管理的终极目标。

这里出现了一个悖论。假定幸福是通用的指标，是在哲学和道德意义上所谓的"至高无上的统治者"，那么，我们或许可以同意它就是生命的终极意义。但是，我们又该如何对这样一个存在进行科学的测量呢？反之，如果幸福被精确地定义为关于欢乐和痛苦的生理和感官体验，那么谁又能说这样一种世俗的体验具备任何根本性的意义或者是政治上的重要性呢？这样的幸福只是我们头脑中一个含混而不起眼的生理过程。通常，功利主义者解决这个问题的办法就是干脆彻底对其视而不见。著名的英国经济学家、积极心理学的拥护者理查德·莱亚德男爵写道："如果人们问我幸福为什么很重要，我无法进一步说明其外部原因。因为，它的重要性不言自明。"幸福的测量指标真的是解决道德与哲学间争论的办法吗？或者它只是一个消除争议的手段？在技术专家主导研究的情况下，想要讨论任何关于内在意义或共同目标的问题都已经来不及了。

幸福科学与其他科学都不相类似，因为它总是要达成不止一个目标。它想要追求一些有意义的事情，但它所使用的工具和方法都过于冷酷，这让它无法充分地掌握那个意义。费希纳想要通过举重的方法来接近非同寻常的真理，他这离奇的尝试就是如今人们进行心理管理的一个写照。监控精神疾病、生理指标和行为的设备，与冥想练习以及当下流行的存在主义紧密结合在一起。幸福科学在处理那些引自佛教及新世纪宗教的思想时，存在哲学意义上的缺陷。幸福存在于定量科学和唯心论之间的某个地带。

这对文化造成了一定的影响，某些衡量幸福的标准或指标本身被戴上了道德的光环。幸福本身也许仍不可见，因而，笑容或者对积极健康的诊断就获得了某种表达幸福的价值。这些可见的表征或者指标让我们可以了解内在的自我，这让它们具备了某种谜一样的魔力。以某些特定指标表达我们的内心感受，现在，幸福科学致力于确立和加强这些指标的权威性，当年，边沁为了弄清楚脉搏或货币价格是否是效用的最佳衡量指标而犹豫不决时，应该不会预想到这种发展吧。在这些指标中，没有任何一项指标比货币价格更为权威，因为它跨越了抽象与实体，这一点是其他指标无法做到的。

第二章　快乐的代价

　　伦敦皇家医院位于东伦敦，其急诊室从来都不是最有利于身心健康的环境。但是，在一个周六的晚上，那里简直变成了战场，甚至有些像汉墨影业拍摄的恐怖电影中的场景。到处都是醉酒的人，他们在酒吧里起了冲突，伤得鼻青脸肿。救护车上的医护人员与警察都争着要带走疑似酒后驾车的人。前来探望的家人们脸上那恐惧和悲伤的表情，是现场最令人不安的景象。

　　我和我太太就是在这种情形下带着我们哭闹不止的女儿到达了那里，那时她还不到一岁。实际上，我们并不确定她是不是出了什么问题。照顾婴儿的难题就在于：他们什么都不会跟你讲。医生和家长不断地讨论着婴儿的问题——"她自己感觉还好吗？"——换个说法就是，"相信你的直觉。"那次的情形是，她在一个通常不会醒来的时候醒来，我们之前也从来没有听她那样哭喊过，此外，她还在发烧、出疹子。她看起来实在不像是"自己感觉还好"。

　　凌晨两点，身处一片预料中的嘈杂里，我注意到三个年轻人，他们似乎正在焦急地谋划着什么事情。他们围在一张表格旁边，其中一人在同另外两人商量着往表格上填写信息。那两个人指着表格中的一部分给执笔人提供填写建议，两人在给出下一步建议之前还要彼此先达成一致。执笔人在两个同伴互相争论下一步该做什么的时候，在表格上潦草地书写着，偶尔他会抬头看看是否有人在注意他们。他们不停地点头和指指点点，看起来正在计划的事情已经有了眉目。这种情况持续了二十分钟左右，在此期间，我们的女儿还是异常地兴奋，拿着一些英国国民保健制度宣传单玩得起劲。

过了一会儿，一位护士走过来叫了那个填表的年轻人。年轻人当时的反应令我惊讶。他的肩膀垂下来，脸上一副痛苦的表情，非常缓慢地站起身来，而他的两个朋友脸上瞬间写满了关心和同情。年轻人抓着他的表格，一步一挪地向护士走去，他托着自己严重偏向一旁的头，撑着自己的脖子，看起来非常痛苦。他慢慢地、显然也是痛苦地跟着护士走向治疗区。他离开后，他的两个朋友立刻又兴奋起来，继续鬼鬼祟祟地讨论着。

那位年轻人显然是因为颈伤而痛苦着，或者至少他确实遭遇了某些会引发颈部伤痛的事故。无论发生了什么，这三个年轻人的热情都比通常情况下遇到事故或紧急事件的人们要高涨一些。从我坐的位置可以看到，他们明显是在谋划一起保险诈骗。这些浪费时间的人使得我们不得不等待，这已经让我感到非常愤怒了，更不用说他们明显是在诈骗。毫无疑问，他们遇到一起车祸，其中一人立刻意识到这是一个能弄点钱的机会。唯一的问题是，那个"受伤的"人是否能牢记台词，通过必要的健康检查。

　　我的愤怒对那个年轻人而言也许很不公平。也许事情并不像我想的那样。颈部扭伤就像婴儿一样：没人知道它是怎么回事。有一些原因使颈部扭伤成为一种很奇特的医学现象。首先，严格地说，这个术语是指患者经历的一个事件，而不是身体本身的某种状况。如果有人颈部肌肉遭到突然拉伸（车辆碰撞时，坐在后座的乘客经常会遇到这种情况），那我们就可以说，此人"遭到了颈部扭伤"。其次，颈部扭伤没有任何症状，因此，只有患者本人才能发觉。发生"颈部扭伤"的证据之一是患者颈部和背部长期疼痛（一个被撞得粉碎的汽车保险杠是不能作为证据的）。但就像一些精神疾病一样，颈部扭伤也不会表现出任何可辨识的异常症状。

　　医学研究者自20世纪50年代开始研究颈部扭伤，试图为它找到一些生理学上的解释，但并没有结果。1963年，颈部扭伤首次被载入《医学累计索引》（美国医学期刊数据库），专家们努力想要攻克这种难于辨识的病症。20世纪60年代，美国科学家在猴子身上进行了一系列严重的汽车追尾模拟实验，想要了解车祸对颈部组织造成伤害的确切方式。实验使得很多猴子出现了麻痹及脑损伤症状，但是，对解开人类颈部扭伤的秘密却没有什么帮助。

　　不过，有一个广为人知的事实是，颈部扭伤在全球的分布并不均衡。颈部扭伤在英语国家的诊断率要远远高出其他大部分国家，而且自20世纪70年代以来，这一比率还在快速上升。考虑到颈部扭伤通常与车祸有关，而在此期间，汽车的安全性在不断提高，这一上升显然与保险索赔之类的因素有关。以英国为例，与 2006 年相比，2013 年，在与车祸有关的人身伤害索赔中，颈部扭伤的占比上升了 60%，颈部扭伤相关的支出已经占到每辆车保险费的 20%。

在其他国家，这种病症远没有这么知名，保险业为此支付的赔偿也远没有那么多。2012 年，在英国的所有人身伤害索赔中，颈部扭伤的占比高达 78%，而在海峡对岸的法国，这个比例只有 30%。21 世纪早期，挪威神经学家哈拉尔德·施拉德注意到，在立陶宛，因车祸所致的长期颈部疼痛发病率为零。他对此进行了研究并发表了自己的研究成果，也因此遭遇了来自挪威国内颈部扭伤失能者组织的怒火（挪威全国人口 420 万，该组织号称拥有 7 万名成员），他们愤怒的原因在于，他们认为施拉德的研究意有所指。

颈部扭伤是一种完全不可见的病症，它在哲学上这种诡异的状态使它格外适合保险理赔欺诈。直觉上这解释了为什么颈部扭伤在不同国家的发病率相差如此悬殊：在英国和美国这样的国家，它是一种著名的病症，因为遇到追尾事故的司机更倾向于趁此机会骗取一些钱财。伦敦皇家医院急诊室里的三个年轻人就是一个很好的例子。显然，他们意识到了他们得马上想出一个说辞，于是，伤者报告自己有颈部扭伤症状，虽然确诊"颈部扭伤"要求疼痛持续一定时间。20 世纪 70 年代以来，代理此类索赔的律师数量也在急剧上升。在美国，律师们甚至会参加一些利欲熏心的专科医生组织的培训班，学习如何编造一个可信的医疗案例。

而且，出于同样的原因，这种病症也特别受诈骗者的青睐，我们甚至不知道实际上到底有多少诈骗正在上演。专家对诈骗案发率的估计相差甚远，从 0.1% 到 60%，由此也可以看出笼罩其上的迷雾到底有多深。保险公司正在努力想办法应对这种情况。有些保险公司采用的办法听起来有些像中世纪的"诚实宣言"，车祸受害人及其律师都被要求签字确认，承诺受害人确实罹患他们所声称的病症。

更深一步的哲学和文化迷思加剧了这种混乱。即使是那些对颈部扭伤产业持批判态度的人也不得不承认，平均来看，英国和美国的司机确实有可能在车辆追尾事故后比欧洲大陆的司机更容易患上长期颈部疼痛。如果车祸受害者知道颈部扭伤以及它可以带来的金钱回报，他们便会向医生咨询佩戴颈托、卧床、复健和休假等事宜，他们通常会表现得更像是一个受害者。有颈背疼痛的身心失调症状，也许意味着此人确实发现自己患有长期疾病。而那些不知道颈部扭伤的车祸受害者，在和对方司机交换过电话号码后就开始着手修理自己的车辆，他们也许不太会有长期不适的感觉。可观察到的行为和主观感觉终究会彼此影响。

受到保险行业的激励，内科和神经病学对这类问题的应对手段是更加努力地寻找颈部疼痛的生理症状。一旦我们发现了疼痛的真相，诈骗也就再无立足之地。在那之前，诚实宣言一类的手段就是不得已而为之的选择。就像边沁所开启的学说一样，他们假定车祸受害者经历了某种程度的疼痛，而这种痛苦大体上是可以被观测者以科学的方法来知晓的，只要找到合适的方法就能做到这一点。从某种程度上来说，这种方法基本上是一定要以身体为对象的。边沁首选的效用测量指标——货币——不适用于这种情况；这是因为，实际上，好像正是金钱才导致了这个问题最初的产生。

但是，如果颈部疼痛不得不和获取货币补偿联系在一起呢？如果这种类型的诈骗并不是我们赔偿文化中一个不幸的、非常规的、可根除的因素，而是我们这早已变得斤斤计较的、对于公正与不公之类感受的一个必备要素呢？在深入研究颈部疼痛症状时，我们假定神经系统产生的感觉与货币之间存在等价关系。按照这个原则，某种程度的主观感受可以被适当数量的金钱抵消。毫无疑问，这个原则可能遭到广泛的误用，在有些地方，其误用程度要比在其他地方高得多。而事实是，我们无法知道是否存在误用，或者误用程度有多高，这就是这一原则的某种荒谬之处。与更加努力寻找身体疼痛的"真相"相比，也许我们更应当探索的是，金钱是否可以成为我们情感的一个中立、可靠的数量表现。

数学的权威

1776 年的一天，边沁在哈珀咖啡馆里对着约瑟夫·普利斯特里的著作大叫"我找到了"，而这位普利斯特里对工业化时代英国逐渐涌现的中产阶级也同样影响深远。1774 年，他推动建立了英国第一座唯一神教派教堂，这在当时还是非法的宗教行为。唯一神教派认为只有一位上帝，否认正统基督教中关于圣父、圣子、圣灵三位一体的信仰。虽然在 16 世纪的时候，唯一神教派从来没有得到过政治上的认可，但它却广泛地存在于欧洲各国。在普利斯特里建立起他的教堂之前，英国唯一神教派的教徒一直都在秘密活动。考虑到他们所经历过的压制，我们不难理解为什么这些主张言论及宗教自由的人会成为启蒙运动热切而乐观的支持者。

他们对科学技术也保持着乐观的态度，坚信机械与工程学可以促进人类的进步。唯一神教派在实业家中非常流行，他们的信仰与所从事的机器工业之间的这种巧合不难理解。在 19 世纪早期，唯一神教派建立了很多技工学校，旨在用不断进步的工程科学改善公众福祉。人们运用数学来发明建造有用的机械设备并按照人类的利益改造自然界，因此，数学被认定为有特殊价值的学科。但若想将自然科学与工程学研究的思想引入社会和政治领域，还需要其他的推动力。因此，他们迫不及待地将边沁视为同道中人也就不足为奇了。

威廉·斯坦利·杰文斯（William Stanley Jevons）于 1835 年出生于利物浦城郊一个唯一神教派家庭。他的父亲是一位成功的钢铁商人，家境相当富裕。唯一神教的信仰主宰着这个家庭，并主导了少年杰文斯的教育，机械装置和几何演绎都是其中必不可少的部分。杰文斯小时候就把衡器当玩具，在之后的职业生涯中，他也一直对衡器非常着迷。他在 9 岁的时候初次接触经济学，母亲为他朗读了理查德·惠特利主教为儿童编写

的一本教科书《经济说略》。11 岁时，杰文斯前往利物浦机械
学院学习。在那里接受的教育让他把数学当作"真"科学的标志，
不管研究对象是什么。

在 19 世纪 50 年代早期，杰文斯前往边沁的母校——英国伦
敦大学学院——学习。这让他有机会师从另一位著名的唯一神教
派信徒詹姆斯·马丁纽氏，马丁纽氏是边沁的信徒，教授"心理学"
课程。19 世纪 50 年代，在费希纳进行莱比锡实验的同时，富有
英国特色的心理学传统也在逐渐形成。19 世纪中期，通过内省
研究人类精神生活的方法取得了相当大的成就，特别是在 1855
年亚历山大·拜恩发表著作《感觉与理性》之后。边沁对这一传
统也有着重要的影响，但发挥影响力的主要是边沁的哲学思考，
而非他妄想在物理设备上构建政治学的技术统治论观点。杰文斯
唯一神教派与工业领域的背景，让他非常自然地倾向于属于硬科
学的几何力学。心理学唯一的缺点就是无法数量化。

杰文斯本来可以在伦敦大学学院学习更长的时间，但是在
1853 年，他家里遇到了经济困难，父亲要求他接受一份工作，
到澳大利亚悉尼担任黄金化验师。工作中用来测试黄金的品质
和重量的仪器和天平，都需要进行精密的调试，杰文斯对机械
的敏感性非常符合这份工作的要求。对于杰文斯来说，这份工
作的挑战性在于，用数学衡量自然世界并重新点燃自己孩童时
期对衡器的热情。不仅如此，这份工作的测量对象也成为杰文
斯日后研究的主要内容：金钱。有意思的是，就在同一时间里，
费希纳开始通过举重实验研究物体重量和个人感受之间的数学

关系；而在距他万里之外的地方，杰文斯正在使用另外一种测重装置测量一种贵金属的货币价值。如果精神、物质和货币这三种实体彼此之间存在某种固定的数学关系，那么，这种关系就会对理解市场经济造成深远的影响。

在澳大利亚期间，杰文斯继续在心理学领域进行广泛的阅读，研究边沁的著作，并且发现了另一位英国心理学家理查德·詹宁斯的作品。他并没有对经济学表现出多少兴趣，当时的经济学还是约翰·穆勒式经济图表的天下，秉承着亚当·斯密于18世纪70年代开启的"古典政治经济学"传统。古典政治经济学家关注的是，如何通过自由贸易、劳动分工、农业政策和人口增长提升国家生产力，这是一个重大的实质性的政治问题。他们为自由市场辩护，主要是因为他们视其为一种提升产出的方法。他们认为，如果以财富为目标，我们需要研究的就是劳动力、食品、固定资产和土地等物质资料。古典经济学家没有表现出对感受或幸福等心理问题的关切。在他们看来，经济学的终极问题就是如何更好地驾驭自然。

但是在杰文斯身在澳大利亚期间，已经有迹象显示，政治经济学的核心架构将要有所改变。詹宁斯是一位心理学家，但是他在1855年发表的的作品《政治经济的基本要素》中声称，经济学家不能再继续忽略心理学了。工人在进行日产工作的过程中会经受不同程度的痛苦，而这会影响他们的产出能力；在古典经济学中，劳动力占据了资本主义分析的核心位置，因而这必然是经济学要考虑的问题。

人们做着乏味单调的工作时，经常会说"最后一小时最难熬"。詹宁斯观察到了类似的现象，尤其是在他集中观察的重体力劳动领域：一个人从事一项工作的时间越长，便越会觉得艰难。根据费希纳的观察，举起同一物体时，时间越长越觉得沉。这一洞见反映出当时的实业家开始关注一个问题：资本主义主要的财富来源是劳动力，但工人会因疲劳而痛苦，劳动力也会因此而逐渐耗损。随着19世纪逐渐过去，这种担心引发了一系列与疲劳有关的稀奇古怪的实验和人体工程学方面的解决方案。人们对工作的主观感受有与之类似的变化，当劳动时间的增长带给人们更多的痛苦感受时，资本家第一次开始对我们如何思考和感受产生了兴趣。

多亏了詹宁斯开创性的作品，杰文斯开始阅读经济学著作。1856年，杰文斯参与了关于新南威尔士地区一条铁路的筹资辩论，他对经济学理论的兴趣有了进一步的提升。按照杰文斯唯一神教派的观点，由亚当·斯密处传承而来的经济学传统并非严格意义上的科学：它缺乏技术和数学上的严谨性。但是，如果像詹宁斯已经提出的那样，为经济学建立起不同的前提假定，那么，这个领域也许终究还是可以经得起真正的科学推理的检验的。如果经济学可以被理解为一个数学问题，可以通过达成准机械平衡来解决，经济学就可以建立于真正的科学基础之上。他在1858年给姐妹写信时说，他已经决心专注于将数学扩展到社会研究领域。1859年，杰文斯回到英国，重回伦敦大学学院学习经济学。

天平一样的市场

货币是很特别的东西，它可以引发心理混乱。在一些身心失调的情况下（比如颈部扭伤），它甚至会引发生理上的不适。关于货币的一个重要事实是，它必须同时满足两个对立的功能：充当保值手段和交换媒介。作为保值手段，我们喜欢它、想要拥有它，并总把它存在银行账户里。作为交换媒介，它带给我们无限的可能性，我们可以用它交换到其他更加有用、更加令人渴望的东西。这种矛盾体现在金钱本身的设计上，它要同时具备两种特性：极高的象征意义（货币表面镌刻的宗族徽章和亮闪闪的技术规则）和极低的实用功能。

资本主义社会主要通过利率来平衡货币的这两个功能。利率上升时，我们保留货币的愿望随之增强；利率下降时，我们支付货币的意愿随之加强。有时候，我们觉得金钱就是一切；有时候，我们又视金钱如粪土。精神分析学家达瑞安·里德安注意到，金钱在躁郁症患者的行为中起到关键性作用。狂喜时，他们认为钱的意义就在于流通，可以有无限可能，金钱本身没有任何价值。他们将钱送给别人或爽快地花掉，享受着金钱带来的自由。抑郁时，他们再次被金钱无所不在的重要性所累，之前陷入躁狂时的负债和消费进一步加重了他们的负担。

因此，理解自亚当·斯密以来自由主义经济学历史的方法之一就是，不断尝试解决货币的两极属性。我们都能直觉地认识到，市场就是我们以货币交换某种货物或服务的场所。但我们一般都会忽略一点，那就是这种交换实际上是多么的奇怪。

比如说，一张10英镑的钞票为什么就可以等价于一个比萨？为了让这个交换得以成立，货币的两个角色——作为交换媒介（我愿意支付货币）和作为保值手段（卖比萨的商人愿意接受货币）——要同时起作用。一张纯粹的数字符号，为什么能等价于一份涂满奶酪的面食，并且交易双方都不会觉得受到了不公正待遇？如果交易无法达成，那么市场体系本身就会完全失效，我们也就不得不自己种粮食、做衣服和盖房子。这里一直存在的一种风险就是，人们可能过分珍视金钱（会导致货物囤积和通货紧缩）或者不够看重金钱（会导致易货贸易和恶性通胀）。经济学家提供的解决方案，就是发明了一种可以神奇地隐藏在比萨中的神秘特性，他们称之为"价值"。

通常我们在说"价值"的时候，实际上指的是"价格"，例如，有人会说："这幅画价值1000英镑。"但"价值"在其他许多语境下，完全不是指"价格"。如果我说那块比萨"不值那个价"，那就意味着我实在不应当用10英镑来交换它。这种情况下，比萨的价值和价格实际上并不相等，客人可能被宰了一刀。价值的概念让我们可以将市场视作一个平衡装置，最终会达到大体上的公平。经济学家认为，价值是与货币相同的度量，于是他们可以演示两者之间如何达成最终的等价交换。他们声称，当比萨市场正常运转时，10英镑钞票能够为买家换来等量的价值。交换不是以数量（货币）换质量（比萨），交换等式的两边都可以以数学形式表达。市场可以被想象成是由一系列天平组成的，货币和价值分别处于天平的两端，直到实现完全均衡。价值概念的真意在于：货币本身并不是生活中最重要的事物，但它是我们重视的所有事物的完美度量。

那么，价值到底是什么？这个普遍存在的数量指标到底是由什么构成的？古典政治经济学家认为，商品或服务的价值来自生产它们所消耗的时间。这样一来，那块"比萨"的真正价值就在于为了生产各种原料和烹制它所花费的时间。一般来说，如果市场完美运行，比萨的价格应当在某种程度上等价于这个劳动量。"劳动价值论"统治了经济学近一个世纪之久。1848年，约翰·穆勒充满信心地写道："价值理论中没有留下什么有待现在或未来继续澄清的问题，我感到很开心；关于这个问题的理论已经彻底完成。"但是，这个版本的理论从来没有能够吸引杰文斯。

1860年2月19日，杰文斯在他的日记里记下了这样一条：

整日在家，主要研究经济学。如我所料，我已理解价值之真义，之前对其理解多有误解之处。

那本阐述"价值之真义"的作品是《政治经济学原理》，其他年代是不可能产生这样一本书的。那时，两位欧洲大陆的经济学家——法国的列昂·瓦尔拉斯和奥地利的卡尔·门格尔——也"恰巧"发现了类似的理论。这三位经济学家一同开启了一场经济学革命，最终，一个更为狭义与数量化的、现在叫作"经济学"的学科诞生了。

购买快乐

包括边沁在内的许多英国理论家都曾思考过，消费者的心理是否有可能是商品价格的决定性因素。这个想法甚至出现在杰文斯童年曾读过的那本惠特利主教写给孩子们的经济学书籍里。它以杰文斯、瓦尔拉斯和门格尔的观点作为经济学的新基础来构建新的理论。价值仍然是问题关键所在，否则，市场如何能够成为一个公平交易的场所？他们的创新之处在于，从花钱者的角度而不是商品生产者的角度去考虑价值问题。这样一来，价值就具有主观性了。

杰文斯的特别之处在于，他决心将这一理论直接建立在关于欢乐和痛苦的心理学基础之上。显然，他是在用边沁的语言表达研究成果：

用最小的努力最大程度地满足我们的需求——以尽量少地承担我们不喜欢的东西为代价，获取最大量的我们所需的东西——也就是说，经济学的问题，就是使快乐最大化。

资本主义的核心点发生了变化。从亚当·斯密一直到卡尔·马克思，他们都认为，市场上所售商品的价格是由工厂和劳工决定的。从1870年开始，所有这些都发生了改变。如今，价值赖以立足的最重要的问题，是消费者内在的"需求"。从这个角度看，工作只是与幸福对立的、某种形式的"负效用"，人们忍受工作是为了多赚些钱进而换回更多的愉悦体验。消费者的主观感受及其与市场的互动，上升为经济学的核心问题。

杰文斯从开始研究经济学起，就只打算借助数理手段来推进他的工作，这与他唯一神教派的出身一脉相承。他认为："经济学要想成为一门真正的科学，就必须是一门数理科学，这一点非常清楚。我们的科学必然是数理形式的，原因很简单，因为数学能够处理数量问题。"我们不清楚杰文斯本人是否特别擅长数学，但是他对数学分析的偏爱始终如一。经济学要想成为一门建立在欢乐和痛苦基础之上的科学，一个必要的前提就是这些精神上的属性必须同时服从数学规律。经济学确实做到了这一点，它把人类的精神世界当成了可计算的因素。

在《政治经济学原理》第二版的序言中，杰文斯表示，他对于自己在作品标题中保留了"政治经济学"一词而没有代之以"经济学"感到后悔。这两个词汇之间有重大的差别。杰文斯清醒地看到，他的作品所开启的新学科要比政治经济学的研究更为严格规范。一旦人们正确地建立起这个学科的数学基础，经济学的研究就能够建立在一个客观的新基础之上。

对于杰文斯来说，一切都只是权衡问题，可以用数字来进行衡量。他沉迷于人类思维中与机器相似的属性，这在某种程度上让他成了控制论思想领域的先驱，而控制论正是计算机科学的前身。他甚至请索尔福德的一位钟表匠人帮他用木头造了一个原始的计算器，他称它为逻辑算盘，用来演示理性思维。其中的思想类似于他童年时的天平玩具以及在悉尼使用的黄金衡器。

当我考虑是否要吃一块比萨的时候，我是在欢乐和痛苦之间进行一个权衡：它会给我带来多少快乐多少痛苦？就像边沁所设想的，我们的思维就像一个数学计算器，在不断地权衡利弊得失。

杰文斯的标志性贡献在于将这一精明的享乐主义观点切实引入到市场领域中。边沁致力于改革政府的政策和惩罚体系，这些措施对所有人都会产生影响。而杰文斯将功利主义改造成了一种关于消费者理性决策的理论。思维决定价值，市场生成价格，思维的机理和市场的机理可以完美地彼此调和。他认为：

> 就像我们通过钟摆运动来测量引起它的重力作用一样，我们也可以通过人类思维的决策结果来评估各种感受是否相等。我们的情感就像钟摆，它的振动清楚地写在市场的价格清单中。

市场就像是在对人们的精神世界进行无所不在的记录，发现并表达出整个社会的欲望。

这使货币在人们心中有了特殊的地位，因为其他人可以通过它了解一个人的私人需求。边沁只是简单地猜测货币可能是一个可以衡量欢乐的手段，却从来没有将这个想法变成正式的经济学理论。实际上，杰文斯将市场变成了一个能够解读心理的巨大机器，价格（或者说是货币）使得这种解读成为可能。既然如此，货币就不是普通的工具，而经济学也不是普通的科学。如今，将不可见的情感和欲望变得可见这一渴望与对自由市场的渴望联系在了一起。

　　古典经济学家从辛苦劳作以及产出的角度出发研究资本主义。而杰文斯则将市场描绘成一出可以用数学计算的、充满幻想和恐惧的戏剧。他的观点在一定程度上受到了时代背景的影响。杰文斯在利物浦工业区度过了自己的童年，作为学者在伦敦北部的汉普斯特德度过了惬意的中年时光，在此期间，工业经济领域发生了意义深远的改变，这种改变在城市地区表现得尤为明显。

　　1852 年，世界上第一家百货商店在巴黎开业，引导人们开启了我们现在所说的"购物"之旅。这是一种神奇的体验，在此之前，商品从来没有脱离制造者，被单独地陈列在人们眼前，上面挂着一个价签，告诉我们要想得到它需要付出多少代价。遍布全国的铁路网使得商品可以比人走得更快更远。在 19 世纪30 年代，官方发行的货币和固定价格还不太常见，许多商店都有分类账簿以记录某人向某人赊欠何物以及双方约定的价格。到了 19 世纪 80 年代，纸币已经被广泛使用，也出现了一些受到人们认可的品牌，在此基础之上，零售业文化得以建立起来。在这种文化出现之前，以个人享乐主义为前提的经济学理论完全是疯狂的空想。

　　简而言之，资本主义自此进入了心理体验时代，在这一时代，人们以货币换取有形产品，而有形产品仅仅只是心理感受产生的支撑。在杰文斯看来，商品就只是一件能够"带来欢乐或解除痛苦"的东西。阿尔弗雷德·马歇尔是英国经济学大家之一，他紧随杰文斯的脚步，犀利地指出：

人类无法创造物质。但在精神和道德的世界里，人类可以真正地创造出新的思想。人们所谓的物质资料生产，实际上只是在产出效用；或者说，生产者的努力和付出，只是在改变物质的形态或组合方式，以使它能够更好地满足人们的需求。

在 20 世纪 80 年代，随着众多重工业在西方世界的销声匿迹，认为资本主义的基石已经变成了"知识""无形资产"和"智力资本"的观点变得流行起来，事实上，整整一个世纪以前，经济被看成一种意识层面的现象，在我们内在感受最有说服力的体现者——货币的指引下，资本主义开始以消费者的需求为导向。

回顾测量方法

杰文斯在《政治经济学原理》中写道："我不确定人类是否能找到直接测量内心感受的方法。"承认这一点对他来说一定很难。毕竟他清晰地陈述了关于人类决策原理的假设，并且对此推崇备至。他像边沁一样寄希望于自然科学，希望有一天能够从中为他的个人决策理论找到经验基础。"那一天也许会到来，"他说，"如果我们可以追踪到大脑精妙的运行机制，那么，每个想法都可被还原成一定数量氮与磷的消耗。"他甚至以自己为对象进行了一些实验，他举起一定的重量来研究物体对自身感受的影响，这和费希纳的尝试非常相似。

从 19 世纪 50 年代到 90 年代，一批英国学者在精神测量方面不懈地努力着。他们吸收了边沁和达尔文的思想，想要找到一种关于人类行为的理论，但往往都变成了对优生学的推崇，这可能在很大程度上证实了他们对贵族政治的偏见。他们中的一人是詹姆斯·萨利，他曾在柏林师从德国著名物理学家赫尔曼·冯·赫尔姆霍兹，学习了由费希纳所开创的新的精神物理学方法，后返回英国。另外一位是弗朗西斯·伊西德罗·埃奇沃思，他是杰文斯的邻居兼密友，由杰文斯带入经济学领域。

埃奇沃思以杰文斯为榜样，在精神测量领域更进一步。他对情感科学抱有厚望。他认为，我们需要"设计出一种关于测量工具的完美理论，一种精神物理学的机器，能够不断记录个体所体验到的幸福程度。"这种机器被称为"快乐测量仪"。"快乐测量仪的读数时刻在变化，"他继续写道，"那精妙的指针随情绪的波动而跳动，在沉思时一连数小时稳定在零附近，或者瞬间跳升到极高的水平。"在1881年，这当然只能是科幻小说。到了21世纪，有些人认为这不再是幻想，我们已经能够科学地测量消费者的内在情感（比如关于颈部扭伤的索赔）。更有意思的一个问题是，为什么这个关于科学的幻想会如此持久地盘踞在经济学家的脑海之中？

杰文斯没能回答的一个问题是，在市场可以有效运行的前提下，为什么一门关于幸福的科学是必需的。如果我们可以简单地假定人们普遍追逐自己的利益并且也知道应当如何去做，为什么不让市场去决定一切呢？为什么我们还要操心"氮和磷"在大脑中如何进行反应，或者发明出"快乐测量仪"来测试他们的幸福水平呢？边沁对于政策领域的思想家为何需要此类仪器有非常清晰的观点。政府需要一门科学来告诉他们如何利用好手中掌握的权力和金钱。市场价格体系自身具备的巨大优势是否可以担此重任？想要衡量价值，货币当然比心理更合适。经济学家真的需要知道人们的内心活动吗？

在杰文斯之后的一批经济学家看来，答案显然是"不需要"。杰文斯于 1888 年去世，此后的经济学家逐渐开始放弃他的心理学理论和方法。杰文斯的理论认为，每种快乐和痛苦都对应特定的数量，而后来者则用偏好理论取代了他的观点。在马歇尔和帕累托一类的经济学家看来，经济学家不需要知道一块比萨到底能给我带来多少快乐，只需要知道我到底更喜欢比萨还是更喜欢沙拉就可以了。我花钱的方式是由我的偏好而不是实际的主观感受决定的。

经济学家逐渐减少了对消费者精神世界活动的关注，他们认为，可以观察到消费者使用货币的行为即可，其他问题可以依靠假设解决。到 20 世纪 30 年代，经济学和心理学彻底分道扬镳。经济学开始成为一门数量化的科学，杰文斯想必会对此感到欣慰。但是，他也许也会感到有些失落，因为这门科学的基础与他的幸福理论没有任何关系。那么，为什么在当下，幸福科学开始再一次流行起来呢？

经济帝国主义

杰文斯是我们常说的"经济人"假设的提出者之一，这一假设所描述的人生实在悲苦，它指的是一个不停地算计得失、为每件事物标价、时时刻刻追逐自己利益的人。"经济人"没有朋友，从不放松。他时刻忙于为自己谋利。如果真有这样的人，人们会觉得他是个精神病患者。不过，他当然只在某种程度上是真实的——这一理想的概念在现实中并不存在。杰文斯将几何、力学与思维进行类比；他从来没有深入到将大脑视为一个衡量工具实体的地步。

在19世纪末期，"经济人"作为一个帮助我们理解市场的科学理论有其存在的意义。在货币之外的领域，这一理论就完全失去了意义。就像是杰文斯等人在19世纪70年代所提出的效用最大化理论，只在解释人们为什么会购买和销售商品时有用。这就是"经济人"理论的全部用武之地。但是，在20世纪后半叶，"经济人"理论开始逐渐扩张，同时，由边沁创立的功利主义也进入了更为广泛的公共职能领域，两种理论在这一领域相遇了。原本关于市场交换的理论逐渐扩展成为关于公正的理论。

请看下面这个例子。1989年3月24日，埃克森美孚石油公司载有5500万加仑原油的瓦尔拉兹号油轮在阿拉斯加海岸附近搁浅，造成了美国历史上最大规模的原油泄漏事故。事故导致超过10万只海鸟死亡，直到二十几年后，各种鱼类、贝类和其他野生生物种群的规模仍未恢复至事故之前的水平。相关报告层出不穷，指出油轮员工的过失、人员配置的不合理以及相关设施的不足，如果没有这些问题，事故也许就不会发生。相关的法律裁定耗时数年方才出台。但是，在埃克森美孚石油公司负有承担清理费用的责任之外，还有更为广泛的道德问题需要关注：该公司破坏了约 1000 英里海岸的美景，应当如何惩罚它？它又应当如何弥补所犯的错误？

答案之一由阿拉斯加州提出。该州建议使用一种名为"支付意愿调查"的技术，在其他 49 个州抽选有代表性的居民样本，调查他们"愿意付出"多少代价来避免埃克森美孚公司的瓦尔拉兹号泄漏事故。每个被访者都被告知事故的规模及影响以辅助他们完成推理计算。于是结果产生了，平均每户家庭愿意为此支付 31 美元，再乘以 9100 万家庭户，埃克森美孚公司应向美国公众支付 28 亿美元。这个数字被用来辅助计算埃克森美孚公司最终应当支付的罚款数量。

我们通过此类案例可以发现，经济学开始被广泛地用于达成公共协议，远远超出了市场的范围。为研究小规模自由市场交换均衡问题而创造的技术，现在被用于裁决重大的公共道德争议问题。你只要想一想就会发现，这个解决问题的核心机制是多么的奇特：散布于美国全境的居民被要求闭上眼睛想象，为了避免某个发生在遥远地方的事件，自己愿意付出多少代价。这一结论只能在人的思想中形成，他们会找到一个等价于洁净海岸线的"价值"数字。这是一种建立在狂想基础上的技术，它的准确性完全无法以任何方法得到证明，可是它的权威性却比法官、民选官员或野生生物学家一类的人更高。这实在是诡异。

但是，这类方法在政治领域的权威性却一直在上升。不管在哪个领域，只要达成公众普遍接受协议的能力在下降，它便会愈加依赖经济学来解决纠纷。为了决定是否应当支付经费去保护秀美地标、是否要让文化资源对大众免费开放、是否要提升运输安全，政策制定者们越来越多地在使用类似"支付意愿调查"的技术来确定此类商品的假定价格大约是多少。类似的技术手段还包括研究漂亮公园对地区房价的影响，这是在衡量公园的货币价值。卫生保健领域的资源有限，必须尽可能按最优的方式投放，"货币价值"问题一直是其中的一个难点。同样，心理学中的自省介入到了这个问题当中，通过对公众进行调查来计算癌症或失明的数值度量，而并不考虑被调查者大部分没有罹患相应的病症。

民主世界观要求倾听大众的声音，而边沁主义科学思想则声称只有数字才是可靠的，这些技术就是在两者夹缝之间生成的逃避手段。它们所导致的困境就是，大众有发言的机会，但是必须使用数量和价格来描述。为了发出自己的声音，他们要学着做一个计算器。

在20世纪90年代早期，经济学和心理学曾经有过一次重聚。经济学家开始使用通过调查获得的、与"幸福"有关的数据。人们发明了用来衡量"经历的"效用（与"报告的"效用或"预期的"效用相区别）的新技术，例如，要求参与者一日内多次记录其实际感受的"日重构法"，以及会随时督促使用者更新其当前感受的智能手机应用。伦敦经济学院研发了一款类似的手机应用，名字就叫"快乐测量仪"，这真是再恰当不过了。

如果经济学家能够（通过比较不同收入水平之人的幸福感）找到心理幸福感和货币之间的精确关系，他们就能够研究幸福

感和其他非市场商品（比如安全感、清洁的空气、健康等等）
之间的关系，根据其中一系列的相关联系，我们就可以对所有
事物进行标价。英国政府使用此类技术确认美术馆和图书馆的
货币"价值"：计算这些地点创造的幸福感，然后再计算需要
多少收入才可以获得等量的心理满足。这使决策者可以为大众
文化定价。同样的技术也被用于计算应向那些受到不可见伤害
或精神伤害（例如孩子走失）的受害人支付的赔偿金额。

这些都可以证明此类技术并非无用。比如说，医疗保健领域
的支出需要一定的基础来避免所处的困境。货币成为解决这一问
题的普世道德衡量标准：健康领域的经济学专家为不同的健康问
题标出了不同的货币价值。但是，随着经济学越来越多地介入公
共事务和道德争端，估价的心理问题也变得更加棘手。为了让货
币和经济学成为解决公众分歧的可靠手段，杰文斯提出的关于我
们如何感受快乐和痛苦的问题变得越来越不可忽视。

如果经济学家只关心市场交易，他们就可以完全不必关心
人们的内心感受。杰文斯所涉猎的功利主义心理学并非是他解
决问题所真正必需的工具。只有当经济学家开始将他们精于计
算的触手深入到公共生活领域中并依此解决道德和法律纠纷时，
他们才开始关心人们的感受。超越了市场的界限之后，杰文斯
的问题就摆在了眼前：一定数量的货币可以等价于什么样的心
理感受？人们实际上感受到了多少幸福？货币试图以自己作为
万事万物的度量，可是，由于它所具备的双重属性，这种尝试
总是不能成功。也正是由于货币无力成为度量标准，幸福的问

题再度回归，成为经济学家的首要关注点。

回归到杰文斯？

杰文斯想知道是否能够完全发现"大脑的竞标机制"，一劳永逸地解开我们追逐享乐的真相。在他辞世一个世纪之后，有些人认为，我们已经达成了这一突破性进展。氮和磷的作用并没有杰文斯所设想的那么重要。代替它们在大脑经济决策机制中起作用的似乎只有一种脑部产生的化学物质：多巴胺。

神经学关于"奖励系统"的观点在 20 世纪 50 年代首次出现，那时，科学家开始研究大鼠的大脑，试图了解它们追逐享乐的行为是如何发生改变的。这一系统的标志性想法与边沁和杰文斯提出的心理学理论不谋而合。理论隐含的假设是，动物被欢乐或痛苦支配，会重复能够带来奖励的行为，避免引发惩罚的行为。只是，现代的理论中，不需要再像杰文斯一样以天平进行类比——人们相信，我们评估享乐真正的生物学基础已经被发现。

在 20 世纪 80 年代早期，科学家发现，当我们做了一个好的决定时，大脑会分泌多巴胺作为"奖励"。这提出了一个对经济学家颇有诱惑力的问题：价值是否是一种真实存在于我们大脑之中的、数量不断变化的化学物质？当我决定为一个比萨支付 10 英镑时，是否只是因为我会得到恰好等量的多巴胺作为奖励？人们设想出一些完美的平衡，天平的一端是货币，另一端是等量的神经化学物质。也许我们可以为这种以美元交换多巴胺的行为定出一个兑换率。

在另外一个领域，神经系统科学家相信，他们已经识别出了大脑中激发商品购买决策的精确部位——伏核。他们验证了心理学中的平衡观点，一篇文章声称已经分别定位了负责快乐和价格的神经回路，可以说，它们就是每一位消费者进行决策时所用的天平。对于这些乐观的杰文斯追随者来说，这就是当今时代带给人们的美妙新世界。

从常识的角度来看，这些都是无稽之谈。大脑"天生"会按照由 19 世纪 60 年代的经济学家首先提出的原则运行，这听起来基本上是完全不可能的。为什么会有人相信，按照人类的根本生物属性，我们应该像计算机一样运转？答案很简单：为了拯救经济学，以及保住货币的道德权威性。

2008 年，人类经历了 1929 年以来最大的一次金融危机，这次危机导致了 19 世纪 80 年代以来最久的一次经济衰退，这样的经济环境促使众多有识之士认为，应当就政治经济学进行讨论。对大脑内部的探究会告诉我们到底哪里出了问题。这样一来，人们既不会归咎于自 20 世纪 80 年代以来银行反对金融监控的战略游说，也不会深究白宫与高盛之间的密切关系，投资银行买通评级机构对垃圾债券大加赞赏的事实也就不复存在了。他们都没错。是某种有问题的神经化学物质导致了金融界的瘫痪。

这可能是由很多原因造成的。在华尔街，有太多被过量睾酮主宰的人！有太多银行家热衷于吸食可卡因，而可卡因会导致人体在本不该分泌多巴胺的时候生成它！银行家们完全忘记了自己大脑中的缺陷，这种缺陷会让他们在错误的时刻过于自信（都怪穴居人没能通过进化克服这个缺陷）。他们都是进化失灵的受害者。为了应对这一缺陷的影响，交易员们发掘了冥想练习，通过这种方法来使自己平静下来，以便更好地评估风险。truBrain 公司在交易员交易时的脑电图扫描结果的基础之上，提供一种神经补充剂药物，这种药物能保证交易员在市场上做出更好的决策。有些交易员实在幸运，他们的大脑天生具有一种在金融泡沫要破裂的时候"给他们透露消息"的能力。

神经经济学有一个偏见，它相信，关于意识的技术上或数学上的观点本质上是正确的。当然，在神经化学物质分泌的数量或时机有异时，也会发生例外情况。但是，追踪这些异常情况的发生并将之纳入我们的考虑范围之中，我们便可以再次通过意识做出权衡的反应。真相就是，每当政策制定者、经济学家或经济领袖开始考虑激励、诱因或多巴胺的神经心理学机制时，他们真正想做的其实是另一件完全不同的事情：确保货币继续保有其作为一切价值度量的超然地位。

金融危机会严重威胁货币在公众心目中的地位，因而，将"价值"的度量建立于稳定的基础之上迫在眉睫。对于这一类稳固基础的探寻可以回溯至 19 世纪 60 年代，大脑不过是其中最新出现的一种。出于自由市场经济的需要，经济学需要建立关于意识的完备理论，当前，人们对享乐和幸福的关注主要源自这一传统。那种认为这类理论可以与政治文化背景完全割裂开来的想法，就像是试图在不了解烹饪的情况下弄明白各种厨房电子秤的用途一样。伦敦皇家医院里的三位年轻人在意识到颈部疼痛可以等价于赔偿金之后，他们只是利用了当下人们对市场的信任。"货币价值"的概念带来了很多心理学问题，如果不将公平的观点从中独立出来，像颈部扭伤一类的哲学困境只会变得越来越多。

在资本主义触及的更多领域中，市场只是产生这一观点的背景之一，但绝不是唯一。在想象和测量我们的快乐和幸福时，其他的经济和政治制度需要全然不同的方法。在19世纪90年代，经济学家对心理学关上了大门，此后，经济学家们可以根据自己的方式和服务的对象，自由地参与到经济活动中来。关于意识的各种前提假设都开始得到研究，每一种假设中都包含资本主义应当如何发展的部分。当前，被密切关注的关于内心幸福的各种观点主要都是这些研究的产物，它们实际上都来自杰文斯和他的追随者。

第三章　买买买

桌上摆着一块金属片，上面有两个方形的孔，还系着一段绳子。绳子末端系着一个铁块，垂在桌旁。在某一时刻启动控制杆后，金属片被松开，在铁块重量的拉动下快速滑过桌面。当金属片滑动时，方孔会快速经过一张压在金属片下面的图片，观察者有一瞬间可以看到图片，随即它又再次被覆盖。观察者要精确地计算出图片被展现的时间，如果对看到的图像有任何印象也要记录下来。

这就是19世纪50年代德国"视速仪"的工作原理。当时的生理学家用它来研究人类视觉。视觉的研究涉及视力的多个方面，包括光感、深度知觉、余像以及双眼构造三维图像的方式。科学家为了收集眼睛的各种反应形式对其进行了各种探索和测试。

现在，我们只需要一个普通的计算机网络摄像头就可以做到视速仪所能做到的事情，而且成本更低。眼睛的移动和瞳孔的扩展都可以被记录下来。眼睛在某个图像或图像中的某个部分上的停留时间都可以被记录下来，精确度接近毫秒。Affectiva和Realeyes等私营公司可以为那些想要获得和维持其受众注意力的客户提供商业服务。此类技术通常是涵盖范围更为广泛的脸部扫描程序的组成部分。脸部扫描声称可以揭开人类情绪状态的秘密，而且已经进入日常生活中的一些场景（比如超市和公交车站），处理与个人相关的信息。当然，这些 21 世纪的视速仪并非只应用于纯科研领域，它们也经常会服务于市场研究和定向广告业务。

从 20 世纪 90 年代末期开始，市场研究人员越来越多地通过观察眼睛和脸部的各种特殊信号来判断人们会购买哪些东西。这里面有一个隐含的前提是，情绪是消费行为的首要驱动力。葡萄牙裔美国神经系统学家安东尼奥·达马西奥于 1994 年出版了一本题为《笛卡尔的错误》的书，对广告和市场研究行业都造成了深远的影响。达马西奥在脑部扫描数据的基础上指出，理性与情感并非大脑中两个对立且无交叉的功能，相反，情感是理性行为的条件之一。例如，脑部情感功能受损的人同样也不善于进行富有条理的理性决策。

市场营销理论科学领域经历着一场小型的启蒙运动，达马西奥被公认为是这场运动的先驱。起初，逐渐有人将思维和大脑中与情感相关的部分作为广告活动和研究的对象；但是，在 2005 年马尔科姆·格拉德威尔出版了《眨眼之间：不假思索的决断力》一书之后，所有大型广告公司和市场研究大师都开始这么做了。这个潮流催生了一些令人生疑的成果，比如神经营销学和气味推理法。乔纳森·海德等心理学家更进一步，开始研究道德和政治选择的情感基础。

从某种程度上说，这听起来有些奇怪。长久以来，我们一直知道广告商尝试通过触发我们潜意识中的欲望和恐惧来促使我们购买他们的商品。1957 年，《隐藏的说客》首次揭露了广告人操纵和耍弄我们的手段。也许，广告理论本身就是建立在一时的风潮之上，而人类的情感此时处于一个风潮之中，很快就会被另一个风潮淹没。另一个事实是，广告商一直不认同"隐藏的说客"这一说法，他们坚持认为，谁也没办法让一个人购买他并不"真正"想要的东西。这个说法有什么新意吗？

对于很多市场研究者来说，神经系统科学的兴起让他们的工作发生了彻底改变。他们当中比较乐观的人认为，科学家很快就会发现大脑中的"购买按钮"，也就是脑灰质中促使我们将某种商品加入购物篮的特定部分。与情绪有关的神经系统科学所隐含的一个意味是，广告商不需要再在创造性思维和科学性思维之间进行选择：他们可以辨别出哪种形式的图片、声音和气味会激发并建立消费者与特定品牌的情感联系。将这一方法与可以识别眼动及面部肌肉活动的计算机程序相结合，我们就得到了可以识别人类感受的机器。有些研究者还在这一过程中加入了荷尔蒙测试。

技术的快速进步带动了市场研究中科学研究手段的大量涌现。在这些技术的帮助下，弄清楚一则广告是否准确锁定了目标客户的某一特定情绪，并由此激发了其购买一件商品的欲望，已经成为可能。一门关于欲望的客观量化的科学似乎呼之欲出。

这催生了大量的新发现。南非广告大师埃里克·杜·普莱希斯已经使很多企业（其中最重要的是脸书）相信，我们是否"喜欢"一个事物将在很大程度上影响我们接下来的行为。另一项研究表明，恐惧会促使人们购买知名品牌商品。斯坦福大学神经系统科学家布莱恩·科诺森发现，与购买某物有关的快乐主要发生在想要得到它的阶段，他建议公司按照这一发现调整他们的销售战略。人们还探索出了可以减少价签带来的"痛苦"的办法，比如说，在说出价格时以最少的音节说出数字。人们用信用卡结账时所感受到的心理痛苦比用现金付账时少。

积极心理学家和幸福经济学家致力于让人们相信金钱和物质财富不会增加精神上的幸福感。但是，有数不胜数的消费心理学家、消费神经学家和市场研究者向人们保证，花钱确实会带给我们一定程度的情感满足；与他们相比，持前一种观点的专家毕竟是少数。

购物习惯中的偶然性因素越来越少。广告商仍然赌咒发誓说"隐藏的说客"这一形象对他们来说是不准确、不公正的。广告商以情绪为营销和研究的目标，并通过广告激发情绪的产生，这从任何方面来说都不是"虚假的"。这并不是在欺骗人们。相反，市场研究行业在谈到幸福或者享乐时，最喜欢用的说法就是情绪，在这一点上，他们与边沁及其支持者是一样的。有形的神经、化学物质和心理现实支撑着我们的体验和思想。最重要的是，也正是它们才让我们从口袋里拿出了信用卡。不过，我想换一种也许杰文斯会喜欢的方式来表达，我们不是因为谎言或者广告策略才这么做，而是因为它确实会为我们带来一定程度的积极感受。至少，他们是这么说的。

对科学的狂热逐渐横扫了整个市场研究领域，但是，仍然有些问题没有答案。情绪到底是什么？虽然我们已经能够看到大脑中发生的事情，但那并不能帮助我们理解这些词汇的意思，比如"焦虑""欢乐""恐惧""幸福""憎恨""喜欢"，等等。无论有多好的监控设备，我们都很难想象出要如何向一个从来没有经历过这些的人解释和描述它们是如何发生的。

而且，我们还没有彻底搞清楚，在这个新生的、与神经系统学有关的交叉行业中，广告商到底有没有说谎。消费者是自主自发的主体，其情绪都由自己的自由意愿和人格决定，还是只是一个被动的载体，在接触到的图像、声音、气味的激发下才会产生自己的情绪？营销者不愿意承认后者，但是他们的行为又几乎与前者完全不相容。也许，他们是真的不知道。要解决这一哲学悖论，最好的办法就是将决策过程归咎于大脑。

那些号称能够解开人类情感之谜的扫描技术虽然是个新兴领域，但它们所引发的哲学和伦理学问题却是非常古老的。这指引我们回看自 19 世纪 50 年代光学视速仪首发以来心理学研究所经历的轮回，读心技术的迷人光环一直闪耀其间。每当有新的、可以探测思考过程和他人感受的方法和仪器出现，都会伴随着一种理念，认为自然科学可以彻底取代哲学和伦理学。与此同时，人们一直希望可以不必与一个人交谈就能够了解他。

但是，在每一次浪潮中，也始终会有一些人认为，自由与思想自有其义，无法由科学验证。当心理学家、神经系统科学家和市场研究人员声称，他们的学科已经不再受道德和哲学思考的约束时，他们必须要回答一个问题：你将如何了解人类不同阶段的情绪状态、动机以及多样的情绪？根据你自己的直觉吗？那么，支撑你直觉的又是什么？

在第一台视速仪问世以来的这些年里，答案变得越来越简单。在这门科学结构当中残留的自由观念，就是人们有去商店的自由。如果这是真的，那么，当代的神经营销学和脸部识别程序也许会被指责为是一场循环往复的投机。他们通过我们大脑神经元和眼动行为所获得的，并不是能为广告设计注入新鲜血液的原始数据，而必然只能是另一种形式的消费主义哲学。

因此，我们需要把心理学和消费主义的发展史当作两个互相影响的过程来看，技术是它们彼此关联的一个部分。多亏了视速仪及后来的各种科技手段和仪器，心理学可以开始宣称自己是一门客观的科学了。这些仪器迷人的力量使得某些人认为我们不再需要哲学和伦理学了。这和边沁主义者对科学政治的向往大同小异，在他们所设想的政治格局中，对人类情感专业科学的解读将会取代混乱且模棱两可的对话。所不同的是，在那些宣称不再需要哲学和伦理学的观点背后，并不是一国政府在追求最大程度的公共利益，而是一个公司在追求其利益的最大化。

在哲学与身体之间

威廉·冯特（Wilhelm Wundt）曾是一位生理学家，偶尔也研究哲学，他于1879年宣布，他在莱比锡大学的办公室的一部分将成为限制区域，之后他将在这里进行实验。19世纪60年代，他曾在海德堡作为助手协助德国著名物理学家赫尔曼·冯·亥姆霍兹进行过一系列实验，如今的实验和当初那些并没有什么不同。他接受过医学训练，学会了如何对人类肌肉进行生理学实验。冯特从来不缺乏自信，他想要在某个时刻完全解开肌肉反射的真实机理。

但是，冯特对哲学也有野心，他并不打算为了自然科学而完全放弃对哲学的抱负。他相信，虽然多个心理进程可以同时发生，但它们发生的"速度"各不相同，而这个速度在理论上是可以测量的。他的新实验室就是为了探索这个哲学问题而设立的，他使用了来自物理学的实验技术和仪器。他在人体上进行实验，就像他在测试肌肉反应时所做的那样。

如今，冯特办公室里被封锁的区域被当作世界上第一个心理学实验室。实验室使用高度符号化的语言记录实验的物理结果，这使心理学得以从它之前所依赖的理论和科学中独立出来。从19世纪早期开始，整个欧洲都在进行各种形式的心理学研究，这些研究通常都使用了实验的方法，就像费希纳举重实验所展示的那样。但是，这些实验研究仍然以传统心理学或哲学的询问方式为主，研究者一般会在自己身上使用这些方法，也就是说，他们的数据都是通过自省取得的。冯特的贡献在于，他使心理学本身成为了一个独立的学科，彻底地将它从生理学和哲学中独立出来。

为此，他发表了一份声明，这份声明对我们理解自己和他人产生了广泛而深远的影响。冯特所要表达的其实是，精神在自然生物领域和哲学思想领域之间有其自有的领地。边沁在"真实"的事物（想要了解它们就要学习自然科学）和荒谬的"虚构"

（想要了解它们就要学习形而上学）之间划下了截然对立的界限。
而冯特提供了第三个选项：一种可被我们了解和掌握却无法还
原到自然法则的真实存在。其中包含了许多我们现在认为属于
"心理学范畴"的类别，比如"情绪""态度""道德""人格""情
感""智慧"，等等。

　　这些显然是不可见、概念性的存在，它们如何成为科学调查
的研究对象？冯特在19世纪50到60年代坚持不使用英国心理
学家所采用的内省一类的方法。他设实验室为的就是以一种比这
些方法更为客观的方式来研究心理过程。他和他的助手发明了多
种工具和测试来观察研究对象对各种刺激的反应。他们还从生理
学和物理学实验室借用了很多工具以测量神经的反应时间。他们
还制作了一种视速仪，用来测量人们注意到图像的反应时间。对
于这些心理学家中的先行者来说，眼睛是他们研究的一个关键区
域，但它并非只具有生理学意义。眼睛给了我们一窥思想的机会。

　　冯特实验室中进行的实验大部分看起来像是对身体进行的
生理学实验。脉搏和血压都是内在情绪状态的衡量指标。实验
对象大部分都是冯特的研究伙伴和学生，这是它们与生理学实
验的主要区别之一，也将早期心理学研究和后续研究区别开来。
被试者清楚地知道实验要测试什么，因此，实验结果中包含了
他们的主观想法。

　　被试对象的视角对实验很重要，他们没有在任何意义上被
操纵。自觉的思考过程理应被当作独立的对象来研究，不能把
它们还原成自然主义的因果问题。比如说，可以比较人在有意

识情况下（被试者觉察到某事物的存在）的反应速度和无意识情况下（被试者产生身体反应）的反应速度。冯特的挑战是，既不能让自己的研究倒退回生理学领域，也要避免无用的、无法测量的哲学空想。实际上，他整合了两个领域中的一些因素，希望可以获得比它们单纯叠加更大的成就。

就像美学理论家乔纳森·克拉里所说的，冯特对眼睛和注意力的关注，反映出了 19 世纪末发生的重大哲学转变。自 17 世纪以来，主观体验一直是哲学思考的对象，现在，随着研究向身体领域的逐渐转移，学者们开始可以观察到它们了。冯特没有忽略"意识"这一哲学概念，但是他乐于用"视域"来代替它。这种做法加速了它从概念语言向科学语言的转型。体验外部世界的能力再也不是人类无法看清的、上天赐予的礼物，而是人体的一项功能。因此，它可以被观察、测试、了解和影响。

除了在办公室中象征性地分割出一个心理实验室以外，冯特从来没有为心理学研究划定一个完整清晰的轮廓。在德国，直到第一次世界大战之前，心理学都与哲学紧密相联。20 世纪早期，冯特在他职业生涯的最后几年里回到了哲学领域，但同时，他也进入了社会学领域。冯特一直在从物理学研究中借用的方法和关于意识的哲学问题之间徘徊，但他也创立了一些非常重要的心理学理论。

他识别出了三个不同的情绪测量维度：快乐——悲伤、紧张——放松和兴奋——平静。这听起来有些粗糙，但是，心理学和经济学关于精神的见解的不同之处已经渐渐变得明显起来。

在冯特看来，我们对事情本能的情绪反应，对决策具有关键性作用。人类远比快乐计算器复杂，心理学实验的黎明已经到来。

冯特将实验工具扩展到对人体的测量范围之外，进入之前被哲学家垄断的领域，并因此奠定了他的历史地位。许多哲学家和经济学家都在单纯地幻想一种可以测量思想的工具，而冯特创造并且使用了它们。如果没有这些新的设备，如果他没有坚持使用它们去研究他人的思想，他就不可能打通生理学和哲学之间的道路。当代的神经系统科学似乎终结了冯特的研究：我们不再需要通过眼睛或身体的其他部分去了解精神世界，我们相信自己可以直接进入人类大脑。这种将精神视为可知的非物质实体的观点因而受到了质疑。

冯特的研究方法在学术上有其保持诚实的一面。他从来没有声称自己可以摆脱那些深奥的哲学困境；精神既不能被还原为身体，也无法完全独立于它。思想和意识既会影响我们的行为，也会影响我们的身体表现。自由意志并非幻像。因此，冯特拒绝从心理学中清除哲学语言，这让他的学生们感到非常气愤。

研究迁移的方法

冯特的实验室让他成了学术名流。访问莱比锡的客人把他当成一个焦点人物，对于野心勃勃的年轻学者来说，他也是极好的赞助者。许多研究生跟随冯特工作和学习，在冯特的职业生涯里，他带领187位博士完成了他们的研究项目，这着实令人惊讶。在19世纪80年代和90年代，对于任何有志于实验心理学这一新兴学科的人来说，莱比锡都是其关注的焦点。

德国取得这些科学发展的时代，正好是美国历史上最富有变革力量的年代。在 1860 年至 1890 年间，移民的迁入让美国的人口增加了两倍，这些人主要进入了城市。南北战争结束之后，大量非裔美国人从之前的蓄奴州迁移至东北部和中西部那些正在迅速工业化的城市。与此同时，一股前所未有的企业合并浪潮催生了我们当下所谓的现代企业。这又进一步促成了职业经理人的产生，他们管理着这些大型企业，是商业社会的中坚力量。

在一个相对较短的时间段内，美国从一个由盎格鲁－萨克逊小地主组成的、以农业经济为主的国家（很多保守派至今仍在浪漫化与诗化那个时代），转变成了一个以城市、工业经济为主的国家，实施专业化管理的大型公司引领国家向前发展，并迅速从欧洲的贫困地区吸引来了大量劳动人口。在原本建立在地主和奴隶主参与地方事务和民主进程的基础之上的美国社会，这些变化引发了影响深远的认同危机。

美国在这一时期还有更进一步的发展，就是新建了包括康奈尔大学、芝加哥大学和约翰·霍普金斯大学在内的很多大学。从建立之初，许多学校就与商界关系密切，随着时间的推进，这种关系变得更加紧密，公司为学校提供的财产和捐赠也有所增加。为了满足新兴管理阶层的需要，1881 年，世界上第一家商学院——沃顿商学院于宾夕法尼亚州建立。随着国内市场规模的扩大以及铁路在全美境内的扩张，商业对其所需知识（尤其是与消费者相关的知识）的渴求日益增强。到了 19 世纪 60

年代，已经出现了一些粗糙的市场研究技术，包括报纸上的民意测验投票、初级的调查技术，以及新型的广告代理公司。甚至一些关于消费者行为的基本理论也已经出现，这些理论大多借鉴于经济学。但所有这些都还处于非常初级的阶段。

谁会到这些新建立的大学任教呢？他们从哪里得到自己所需的专业知识呢？此时，德国的大学也在快速发展，并且成为新一代美国学者科学训练的重要来源。在19世纪中叶到第一次世界大战之间，有近五万名美国人在德国和奥地利得到了大学学位和学术研究训练，并将它们带回了美国。这就是历史上最大规模的一次智力资本出口，在化学、生理学和新兴的心理学领域尤其如此。

在这些人当中，一些相对年轻的美国心理学家渴望更多地了解冯特实验室里进行的实验。这些人包括：威廉·詹姆斯（美国心理学之父、小说家亨利·詹姆斯的兄弟）、沃尔特·狄尔·斯科特和哈洛·盖尔（最早的广告心理学理论家）、詹姆斯·麦基恩·卡特尔（后来成为纽约麦迪逊大道的广告行业巨擘），以及格兰维尔·斯坦利·霍尔（后来成为美国心理学杂志的创始人并发明了"士气"一词）。

这些美国人在德国的岁月并不总是快乐的。威廉·詹姆斯最初与冯特建立了远距离联系，但是在到达莱比锡之后，他越来越不屑于冯特继续使用哲学语言的做法，在他看来，那是不符合科学原则的神秘主义。霍尔更是对各种各样的哲学术语感到莫名惊骇，不久就退学回家了。有迹象表明，访客和东道主都对彼此抱有此类轻微的反感。冯特抱怨说，这些美国人在本质上都是经济学家，他们相信人类是外部刺激的奴隶，实际上根本不具有自由意志。他说麦基恩·卡特尔是个"典型的美国人"，这可不是什么赞赏的话。

真正让詹姆斯和他的同伴印象深刻的是冯特所使用的技术。他们满怀敬畏之情地观察着调试良好的视速仪以及冯特实验所使用的其他计时设备。他们学习了那间实验室的设备陈设方式，绘制了详细的布置图。他们将大部分与这些设备相关的、充满智慧的讲解都抛在了脑后，却在设备和空间中找到了灵感。这些美国来客回国后直接复制了实验室的主要部分，事实上，在哈佛、康奈尔、芝加哥、克拉克、伯克利和斯坦福的第一个心理学实验室里，都能清晰地看到冯特的影响。除了仿制实验室的平面布局和许多仪器外，他们甚至劝说冯特的一些学生来到大洋彼岸的美国：詹姆斯在哈佛建立了美国第一座心理学实验室，并说服雨果·芒斯特伯格移居美国。詹姆斯后来成了工业心理学领域的杰出人物。

弗里德里希·尼采曾在其发表于1887年的著作《道德的谱系》中发出感慨："那些英国心理学家到底想要什么？"与他同时代的边沁主义者和达尔文主义者，比如萨利、杰文斯和埃奇沃思，他们为什么这么迫切地想要了解快乐的起伏变化？与他们同时代的那些美国同行，正热衷于对自己从德国带回来的新的研究方法和实验设计一探究竟，如果拿同样的问题来问这些人，答案不难猜测。简单地说，他们想为管理者设计出一套管理工具。

美国的心理学没有哲学传统的负担。它诞生在一个由大财团主导、充满快速社会变革的世界里，这个社会一直在冒着失控的风险螺旋前进。如果心理学不能解决困扰美国产业和社会的问题，那么它根本就没有存在的理由。至少那些新的大学联盟领导人是这么认为的，他们迫切地想向财团捐助者示好。在20世纪早期，心理学迫切地想要跻身于"重点科学"之列，这样一来，美国梦才能安全无虞。如果个人的决策本身可以被还原为一门可以用类自然法则和统计学规律表达的自然科学，那么，美国就可以在继续坚持立国所依的启蒙运动自由原则的同时，保证一个多国籍、多种族的工业化大型社会的良好运转。

心理学在美国出现不久便被用于解决商业问题。1879年，冯特在他的实验室里划下那道有象征意义的界线，以此为现代心理学的开端，消费心理学分支的出现不过用了二十年时间。到1900年，詹姆斯·麦基恩·卡特尔和哈洛·盖尔已经自莱比锡归国并开始进行他们自己的视速仪实验，主要研究人们如何对各种广告做出反应。他们使用冯特的工具，不仅想了解消费者对各种广告的反应，还想了解他们的情绪。沃尔特·迪尔·斯科特在1903年和1908年分别出版了《广告原理》和《广告心理学》，这是广告理论领域两本最早的经典作品。1917年，卡特尔因为反对征兵而被哥伦比亚大学除名，此后，他创立了心理学公司，该公司为客户提供定制的研究咨询服务。

是冯特使这一切成为可能，但是，曾师从于他的学生们并未忠于他的教导。在美国加入第一次世界大战之前，在国内反德情绪的影响下，许多美国心理学家都试图从他们的履历中抹去留学莱比锡的经历。他们相信自己已经彻底抛开冯特和他的形而上学，相信未来的心理学将走上一条纯粹的科学之路。这恰恰是美国商界人士希望听到的结果，他们之间的一致绝不是巧合。对于美国的心理学变得如此反哲学，威廉·詹姆斯在去世前不久表达了他的遗憾。他很担心过分强调观察和测量可能会掩盖了思维的神秘性和自发性，这一点在心理学服务于商业时表现得尤其明显。纯粹的科学之路会让情况变得愈发不可收拾。

在研究和了解人类时，我们有可能不借助"意志"或"体验"之类的抽象概念就评估一个人吗？我们可以不需要借助自我表达就了解人们吗？许多第一代的美国心理学家希望能借助各种测量仪器和计时工具对这个问题给出肯定的回答。但是，他们对此也抱有一些矛盾的心态。他们可以远离哲学和内省，但是，他们的研究对象——比如注意力和情绪——却仍然是抽象的，而且被认为是人类与生俱来的特质。他们还没有考虑一个更为激进的选择：如果心理学尝试根本不再以人类为研究对象，那会怎样？

关于人类行为的发明

1913 年，动物心理学家约翰·布罗德斯·华生（John B. Watson）在哥伦比亚大学讲授一门名为"行为主义"的课程，这被视为 20 世纪最有影响力的传统科学代表之一。华生四处宣传行为主义和他个人的权威性，这种权威性不但体现在对美国心理学的影响上，还体现在行为主义试图影响的与政策和管理相关的各个领域。"如果心理学按照我提出的方案发展，那么教师、医生、法律界人士和企业家都可以在现实中应用我们的数据，只要是能够从实验中获取的数据就能够被人们使用。"
学术与权力之间的勾结几乎没有比这更为赤裸裸的了。

在哥伦比亚大学讲学的两年里，华生成为美国心理学协会
的主席。值得注意的是，在这段时间里，他根本没对任何人类
进行过研究。如果说美国心理学界的目标是彻底摆脱冯特那一
套形而上学的术语而只采用他的研究方法的话，那么请这么一
位只在白鼠身上进行过科学实验的人来担任行业里最权威的职
位还真是神来之笔。

在 21 世纪早期，"行为"一词随处可见。"行为改变"让
政策制定者着迷，他们试图以此来应对肥胖症、环境恶化和公
民离散问题。与营养和锻炼相关的"健康行为"据说是控制不
断上升的医疗保健预算的关键。行为经济学与行为金融学指出
了时间和金钱使用最优化的错误计算方式。《助推》（Nudge）
一书让这两个领域出了名，它的两位作者现在为全球的主席们
提供着咨询。我们被鼓励去学习可以改变自身"行为"（或者
像有的专家所说的"自我激励"）的技能，帮助自己过上更加
积极、更有活力的生活。

2010 年，英国政府设立了一个"行为洞察办公室"，负责
为政策制定提供此类研究成果。这个办公室非常成功，在 2013
年进行了半私有化改革，这样它就可以为世界各国的政府提供商
业咨询服务了。2014 年，潘兴广场家族慈善基金向哈佛大学捐
赠了 1700 万美元，用来建立人类行为动机研究基金，以推动行
为科学的进一步发展。脑科学是研究人类行为原因的前沿科学。

这些政策性项目都抱有同一个理想：精英权力阶层可以无须强权政治或民主审议，就让人们的行为向他们选定的目标转变。行为主义将边沁的科学政治理想扩展到了极致，想象一下吧，在个人自由的幻象之下，其实是冰冷的因果规律在起作用，并且只有专家才了解其中的奥秘。当我们寄望于"行为"解决方案时，其实正在与民主背道而驰。

其实，在 20 世纪 20 年代之前，"行为"一词鲜与人类关联在一起。行为只在关于植物或动物的问题上有重大意义。医生可能会用这个词来形容身体的某个部分或器官。这为我们提出了关于当代人渴望"行为科学"的一些重要问题。当我们提到这一类名词的时候，我们所指的行为并不是由人类做出的，恰恰相反，它是某种会对刺激做出反应的事物的行为。行为学家相信我们可以观测到任何想要知道的东西，却从根本上回避了解释和理解人类行为及选择的问题。

这就是为什么华生坚信，如果心理学想真正成为一门严肃科学，这一概念将会起到至关重要的作用。在 1917 年（那时华生终于将他的研究对象换成了人类），他非常直白地描绘了自己的观点：

读者不会找到关于意志的讨论，我也不会提及感觉、知觉、注意力、意志、想象之类的词汇。这些词汇广为人知。但是我发现，如果没有它们，对于我进行调查或者向我的学生们系统讲授心理学都没有什么影响。坦白地说，我确实不知它们为何物。

　　这不仅仅是反哲学的，它实际上还是反心理学的——至少是在我们通常所理解的心理学意义上。他对于"感觉和直觉"等抽象精神概念的轻视，与边沁如出一辙。但是，边沁没有一个心理学实验室，也没有完全放弃对人类动机本质的思考。华生威吓他的同行们说：如果你真的想要一门与形而上学完全划清界限的完美科学，你就必须放弃所有无法用科学手段观测到的事物。于是，通过特殊设备寻找精神世界中全然客观的部分，成为专家们唯一的工作。

　　华生热衷于挑衅。他声称，"思考"这一行为的可观测程度和棒球相差无几，藐视哲学家赋予主观体验的重要性。他有一个很著名的论调，既然并没有什么"个性"或者是"与生俱来的"才能，他可以只通过条件作用把一个在任何背景下成长的孩子教育成成功的商人或运动员。人类与白鼠一样，会对所处的环境和面前的任何刺激做出反应。从科学的角度讲，我们的行为并不是我们作为一个自主的人自由思考的结果；它们都可以从另一个角度得到解释，那就是我们所处的环境，以及此前的环境因素教给我们的行为方式。

　　这一观点有着某种微妙的吸引力，这或许能够解释它的长盛不衰——虽然它蕴含着专家治国论的理想。有人批评说"刺激"是一种"家长式作风"，不过，家长式作风当然也可以是令人如沐春风的。认识到我们可以不必对自己的行为负全部责任，将重大决策交由某些其他人进行，这可真是让人松了一口气。知道自己在做出特定决策时是"本能的"或者有触发条件的，也许意味着我们可以从一成不变的现代需求中解脱出来，转而成为具有自由意志的人。如果我们的行为是由所处的环境、本性和教养决定的，那么，我们至少是某个更大集体中的一部分——即使只有专家才能辨识出这一更大的群体。但问题是，我们通常不太知道那些专家到底想要什么。

华生现身于学术舞台，预示着形而上学语言的消失。行为科学要么会征服所有与其形成竞争的学术领域（比如社会学、管理学和公共政策学），要么会将它们彻底推翻（就像它打算对哲学做的那样）。这真的会带来某个领域的知识进步吗？除非我们把自然科学当作合乎情理且开诚布公的辩论的唯一方式，情况才会是如此。华生没有明确表达，但是他对科技力量的推崇比这还要更进一步，甚至超过了他那些从莱比锡归来的前辈们。

他所承诺的实际上是：通过实验的特殊作用，心理学观测者可以发现关于人类的一切，除此之外的任何事情（比如被试对象的自述）都无关紧要。从这个意义上讲，行为主义的建立，必然要求在心理学家与外行人之间绝对不平等的基础之上重建心理学。

心理学在华生手里变成了专家操控人类行为的工具。冯特曾经假设，如果被试对象了解实验目的，就能从他们身上发现更多东西。这也是他以自己的学生和伙伴为被试对象的原因：他们能为研究提供更有价值的见解。华生的假设正好相反。要想了解人类这一物种会如何对各种刺激做出反应以及是否可以经过调整做出不同的反应，使用对实验目标和手段全然无知的人作为研究对象才可以获得更多信息。这也可以使心理学兑现自己所承诺的价值，为市场营销者、政策制定者和管理者所用。如果心理学的目标是让庞大繁杂的美国社会处于控制之下，那么，从实验中获取那些只有心理学家才理解的见解就是完全无用的。

由于这些原因，行为主义无可避免地要面对伦理问题。这不仅仅是因为行为实验会试图控制人的行为，也因为它们要想起到作用总是会用到些许的欺骗手段。即使是在知情的情况下，被试者也必然不会全然了解实验目标，否则，他们也许会根据实验目的调整自己的行为。行为主义实验的目标是尽量让被试对象对于正在发生的事情一无所知。

一个熟悉的哲学困境再次出现了——当然前提是人们还愿意思考这一类问题。人类自发的、批判性的、有自我意识的精神真的被从心理学这一学科中移除掉了吗？在行为主义者的世界观里，公众和白鼠并没有什么不同之处，他们内在的思考进程实际上是不存在的，除非它可以被以某种方式观测到。但是，心理学家的思考却并非与这门科学无关，它们借助学术文章、演讲、书籍、政策报告和谈话得以传播。行为主义唯一成功的地方就是，清除了各种形式的"理论"和解释，甚至到了罢黜百家、独尊一家的地步。从这个角度看来，清除形而上学只能被看作一项壮观的形象工程，它并没有考虑到大多数人的合理观点（不管这些观点是否科学）。

消费动物

行为主义随时准备为政府和私营部门服务。它毫不费力地席卷了美国的广告行业，并且影响范围还在继续扩大，广告行业里发生的一件丑闻加速了这一传播的进程。在第一次世界大战结束之后，华生是约翰·霍普金斯大学的学术明星，拥有大量的研究资金，薪酬也有所增加。但是在1920年，他被发现与一位年轻的研究生兼研究助理罗莎莉·雷纳私通。而且更不幸的是，雷纳是马里兰州的望族，为约翰·霍普金斯大学提供过慷慨的捐助。这则消息迅速传播，甚至上了全国性报纸，其中一家报纸甚至刊登了华生和雷纳之间的一封通信。

华生的研究主题在某种程度上以人性的无政府主义为基石，因此，一些观察家不由自主地将其与他人私通之事联系在一起。他的同事阿道夫·迈耶就是如此，此人后来对美国精神病学领域产生了深远的影响。

我不能不认为，这整件事实际上是哲学缺位所导致的缺乏责任感的事实证明，是否认意义、强调将科学从伦理之下解放出来的必然结果。

华生显然无法避免"回应"罗莎莉·雷纳所带来的物理"刺激"，但是，行为主义很难为他的行为辩护。约翰·霍普金斯大学解雇了华生，他离开巴尔的摩，去了纽约。

直到1920年，广告业对于心理学带来的潜在收益都非常关注。走在这一运动最前沿的是麦迪逊大街上的智威汤逊公司，公司当时的总裁史丹利·雷梭发誓要将它变成一所"广告行业的大学"。"科学广告"风靡一时。雷梭尤其看好这一行业未来的上升空间。他说："广告，是具有教育意义的工作，是大众教育。"未来的广告宣传会将信息直接传递给处于被动状态的接受者，接受者的反应会相应地体现在他们的消费习惯中。这所"大学"需要的是知道如何处理手中数据的科学家。

雷梭专门寻找能够在"感染力"方面给他们心理学建议的人，他相信，成功的广告会触发一些特别的情绪反应。也许是意识到自己需要一个在道德方面足够灵活的学者，他最初接触的是另一个在当时刚刚有过不光彩经历的学者威廉·伊萨克·托马斯。当时，托马斯刚刚因婚外恋而被芝加哥大学社会学系开除，可他认为麦迪逊大街上的事情实在是太粗鄙了，于是转而将他们介绍给了自己的朋友华生。雷梭终于找到了他想要的人。

同年，华生以客户经理的身份加入智威汤逊，薪水是他在约翰·霍普金斯大学时的四倍。作为新工作的一部分，他要接受一些训练，包括到田纳西州的穷乡僻壤销售咖啡，以及在纽约梅西百货做了几个月的售货员。通过这种不同寻常的方式，他可以将自己的行为主义信条自由应用到广告方案的设计上，并且教他的同事如何激发正确的反应。

华生恳切地告诫同事，作为广告人，最关键的一件事情就是要牢记，他们根本不是在尝试销售一件商品，而是要激发一种心理反应。商品就像广告方案一样，只是一个帮助他们达到这一目的的工具。如果环境因素设定正确，消费者可以养成做任何事情的习惯。华生告诫他们，不要去满足消费者已有的情绪和欲望，要在他们身上激发新的情绪和欲望。作为与强生公司合同中的一部分，他探索了利用母亲们所经历的焦虑、恐惧和渴望洁净等情绪来营销洗衣粉的方法。通过明星代言的方式建立消费者品牌认可这一方法也是他的研究成果。

这正是雷梭希望得到的信息和方法。1924 年，华生成为智威汤逊的副总裁。智威汤逊的总部就在中央车站附近的莱克星顿大街上，从他的高层办公室俯视出去，他已经赢得了比任何留在学界的心理学家都更多的声望和财产。

但是，华生的自大是个问题。他向商界传播的观点是，心理学可以揭示管理者在有效售出产品时所需要知道的任何事情。华生很乐于迎接这个乐观的未来。他夸耀道："爱、恐惧和愤怒，在意大利、埃塞俄比亚和加拿大都是一样的。"他相信，自己只需要正确设定"刺激"，就可以在任何情况下激发任何情绪。以这种观点看待自己的任务，对于广告主和营销者来说具有莫大的吸引力。但是，这些都是单向的沟通：心理刺激被呈现在大众面前，他们会在逛超市时做出相应的反馈。但是，如果他们没有呢？如果华生对于"爱、恐惧和愤怒"的理解与其他人不一样呢？商界会发现什么？

为了完善广告科学，就必须在整个系统中增加某个可以将信息回传给营销者的反馈机制。这也可以用行为学的术语来解释，那就是某个广告是否直接激发了某种反应。例如，用户是否会剪下随报纸广告发送的打折券去购买目标商品。这种反馈机制可以帮助营销者发现哪种广告刺激能得到最理想的反应。

70 年后，在线广告和电子商务的崛起让这种针对营销有效性的行为学分析更加广为流传：有了点击广告和购买商品的行为，一个人观看某则广告时的反应变得极其容易评估。

在 20 世纪 20 年代，雷梭和华生对科学饱满热情的风险在于，他们忽视了公众实际的所思所感，他们太过自信，以至于相信自己可以凭空激发人们的情绪反应。美国商界不能完全指望这一神迹。按照行为主义对思维的激进观点，人们对思维无须有任何恐惧。除了心理学家已经观测到的内容，思维中并没有任何隐藏在黑暗中、尚未被发现的东西存在。实际上，"思维"这个词仅仅只是一个哲学上的抽象。

由此产生的担忧是，一个品牌（或者也可以说是一位政客、一种思想、一项政策）可能只对大众有吸引力，对科学家和精英却没有吸引力。关于需求的科学也要求发现人们的需求，了解他们的希望，而不仅仅只是塑造它们。要做到这一点需要采用一种非同寻常的心理学技术，就是与人交谈，而华生曾希望可以放弃它。

民主一览

华生不可避免地注意到人类有一种谈话倾向。他把这称为"语言行为"。他甚至打算把它当作心理学研究的一个部分，虽然他后来对此深感遗憾。他后悔地说：

当今心理学中遇到的困难，在很大程度上都是因为缺少可以观察到另一个人内部运行机制的方法。这就是为什么我们不得不至少在一定程度上依靠他们自己来告诉我们发生了什么。我们正在逐渐地摆脱这种不精确的方法；一旦人们广泛地意识到这种对观察方法的需求，我们就会非常迅速地取得突破。

　　边沁所谓的"语言的暴政"不但让功利主义者受挫，也让行为主义者受挫。如今的表情编码专家、神经系统市场营销专家和眼动专家，都梦想能像华生宣称的那样，摆脱对个人经历的主观描述的依赖，找到通向我们内在世界更加客观的方法。

　　在行为心理学家和市场研究者实现这一梦想之前，他们发现彼此有着某种特别的联系。在这个过程中，商界开始认为，大众不仅是公司"教育"和"刺激"的被动接受者，而且是主动的、临时性的政治演员，他们对于自己身边的世界有所判断。如果我们的任务是了解人们的感受、需求和所思所想，那么直接向他们询问会面临一种风险，就是向受访者透露出比华生和智威汤逊所预想的更多的关键信息。如果他们不喜欢批量生产的商品，或者不想要太多广告，尤其是，如果他们想要自我表达的话，那该怎么办呢？

　　20世纪20年代，随着心理分析热席卷美国商界，洛克菲勒和卡内基之类的大公司都在寻找投资前沿市场研究领域的机会。那时，统计学家刚刚发明了随机抽样的方法，这一方法能够极大地提升样本的代表性，调查的权威性也因此得到提升。在抽样方法面世之前，调查结果所呈现的观点在很大程度上取决于是哪些人碰巧参与了调查。参与者给出了他们的观点，但并不能被认为是具有代表性的。对于那些愿意采用新采样技术进行研究、旨在为美国公司提供更好的市场信息服务的研究者，许多基金会都会为他们提供资助。但是，他们沮丧地发现，大部分具备传播此类知识能力的个人和组织都是政治活动家、共产主义者和社会学家。

社会调查始于 19 世纪 80 年代的欧洲，因此，这些方法更多地被用于激进的政治规划。东伦敦的查尔斯·布斯和费城的威廉·爱德华·伯格哈特·杜波依斯为定量的社会学研究奠定了基石，他们会走上街道了解普通人如何生活，在家庭环境中对他们进行观察和提问。随着伦敦政治经济学院、华盛顿布鲁克林研究所等高等院校的建立，进行此类工作的技术变得越来越专业化。

社会研究统计技术在发展过程中凭借其自身实力成为受公众关注的问题。洛克菲勒家族资助的一项研究成为全国公众都感兴趣的问题，在主流媒体上引发了辩论。由一对社会学家夫妇罗伯特和海伦·林德从 1924 年开始实施的"米德尔顿研究"项目成就了一系列畅销出版物。这项研究被称为美国社会的一面镜子，通过平常但迷人的细枝末节揭示出人们如何度过日常生活。研究者希望人们能够阅读他们的成果，挑战弥漫于他们生活之中的消费主义文化。

洛克菲勒基金会认为，他们找到了在社会价值与公司规划之间建立关联的新方法。林德夫妇相信他们的工作有助于提升大众的阶级意识。在市场和民主社会主义的交叉路口，新的调查技术可以服务于两者中的任何一个或同时为它们提供服务。米德尔顿项目在1937年继续进行，主题为"改变中的米德尔顿"，一本销售类期刊评论道："对于一个广告人来说，只有两本书是必须要读的，那就是《圣经》和《米德尔顿》！"研究结果显示，一种新的自我意识正在成为公民的共识，这一改变的政治意义带给人们无限的想象空间。

　　这类意识形态之间的联盟看上去完全没有可能，但却成为20世纪30年代心理学调查发展进步的一个特征。同样的调查技术完美地为市场研究部门、社会学、社会主义政党竞选和大众媒体所用。各种意识形态之间有一些非常极端的平衡行为，比如，侨居美国的法兰克福学派马克思主义者特奥多·阿多诺被另一项由洛克菲勒家族资助的研究项目雇用，与心理学家哈德利·坎特利尔、保罗·拉扎斯菲尔德以及未来的哥伦比亚广播公司董事长弗兰克·斯坦顿一同对该公司的听众进行研究。阿多诺并未急于对问卷调查这一方法提出异议，他认为这些方法很可能是革新性的。他认识到，问卷调查作为一种集体意志的表达，具备挑战市场统治地位的能力。但是，他很快对研究中被过度简化的部分感到惊讶，在这个部分中，人们被要求在听到各种音乐时按下"喜欢"或"不喜欢"的按钮。他退出了这个项目，项目随后也被重新设计，以便更好地服务于哥伦比亚广播公司市场营销部门。

　　在英国，市场研究为众多左翼知识分了和活动家所推崇，其中包括慈善家约瑟夫·朗特里与共和党顾问马克·艾布拉姆斯。像林德夫妇一样，艾布拉姆斯等人也公开批评广告和消费文化，但是，他们从来没有放弃过以一种更加高尚的方式使用市场研究方法这一想法。也许，关于人们实际生活的客观知识越多，商界就可以更加集中地服务于人们的真实欲望和需求，而不是去编造一些不存在的东西。开始于 1937 年的大众观察项目正是英国版的米德尔顿研究。

与行为主义者视人类为程序化机器人的偏见不同，这些调查专家认为，人类是个人"态度"的承载者。这些态度是可被量化的心理现象。作为一个有"态度"的人，我可以用从 –5 到 +5 的打分告诉你我有多么喜欢某个产品或政策。而最重要的就是，这种方式纠正了行为主义者的偏见。只有我自己才是最了解自己态度的人，任何科学家想要知道我的态度都必须来询问我。捕捉态度的按钮机制（比如在总统候选人辩论中让观众表达态度的"蠕虫"，或者是脸书的"喜欢"按钮），从态度研究中剔除了语言，保留了态度持有者的判断。这就是市场研究在大萧条期间最容易受到非议的部分，精英阶层也越来越关心大众内心所想。

在 20 世纪 30 年代，了解广播听众、报纸读者和选民的态度成为一桩有利可图的大生意。同时，它也是重大的政治活动。在 1929 年和 1931 年，赫伯特·胡佛总统（Herbert Hoover）要求调查社会趋势和消费习惯，在一定程度上是希望了解是否有隐藏的政治动乱风险。在时隔不久的 1935 年，乔治·盖洛普成立民意调查公司，人们可以付费得到各种政治态度信息了。1936 年，盖洛普以不可思议的准确性预测到了总统选举的结果，这令他声名鹊起。自那以后，富兰克林·罗斯福（Franklin Roosevelt）热衷于进行民意调查，并且雇用了哈德利·坎特利尔（此前在哥伦比亚广播公司负责广播调查项目）作为私人民意测验专家。

待价而沽的反资本主义

一旦普通人的判断和意见被纳入市场调查当中，局势就开始向民主的方向转化。这一转变出人意料，而企业、政府和广告委托执行人都对此感到忧虑。其中蕴含了一种可能性，那就是人们也许会对消费主义甚至是资本主义本身抱有负面的态度，正是这种可能性，催生了林德夫妇的米尔顿研究以及艾布拉姆斯的市场研究活动。

另一方面，也正是由于具备发现此类威胁的能力，使得这些技术成为公司和政府必备的工具。罗斯福会没完没了地进行民意调查以了解公众对其政策的感受，但是，他从来没有相应地做出过任何调整。坎特利尔透露，每当有新的态度调查任务时，都会要求对"如何修正某种态度"提出建议，答案就是"大张旗鼓的宣传"。

将有效的调查技术和无情的行为主义推广方法结合在一起，你就有了一个完整的信息回路。公众看到消息，然后通过行为和问卷反馈态度，这些信息又回到信息发布者的手中。从20世纪30年代起，这一回路中的每个部分都发生了巨大变化。对大众社会和公众态度的强调似乎初现于第二次世界大战之后，那时，各种类型的小型消费群体开始出现。作为大众调查的替代物，另一种神秘的民主磋商形式开始出现，那就是"焦点小组"。数字化"数据分析"的崛起是这场变革中的最新变化。同时，相比当前行为主义神经营销学的前沿成果而言，华生的做法使其看起来就像是个完全无知的人。

　　然而不变的是，行为主义技术与准民主形式的消费者意见之间的相互作用和对立关系依然如故。行为主义者并不想听取人们的感受、欲望和要求；他们想要找到感受、欲望和要求产生的原理，并以客观的方法对其进行观测。这样一来，他们相信自己可以将心理学中主观的部分完全去除掉，为广告一类的商业实践提供一个完全科学的基础。问题在于，他们始终依赖自己的臆测来判断这些感受的意义，并且基于他们自己的经验和希望来设想理性行为所应具备的特征。对于一个从来没有经历过"幸福"和"恐惧"的人来说，再多的数据也无法让他明白它们意味着什么。如果一个研究者碰巧去了广告公司或者商学院工作，那么，"选择""欲望""情绪"和"理性"一类的词对他来说就不可避免地会呈现出消费主义色彩。行为主义和广告行业的存在，必然要以已经存在的事物和可靠的技术为先决条件，否则，他们无法避免主观臆测，也就无法了解他人情绪与欲望的真实含义。

　　从另一方面来看，真正倾听了这些建议的广告人也许会为此而感到不安。他们也许会发现，没有什么产品或广告人可以拿出人们需要的那种"权威""群体"或真实的"现实"。于是他面临的挑战就是，如何在不改变现状的情况下，将意义重大的政治民主理想包装成产品或公共政策的形式，并稳妥地传递给受众。反资本主义元素长期以来都是广告文案中必备的组成部分，它带给人们一种非商品化的、更为诚实的生存方式的希望。早在 20 世纪 30 年代，广告就在使用前工业时代以及社交和家庭生活的图片，图片中呈现的景象在工业化的美国城市地区岌岌可危。到了 20 世纪 60 年代，甚至是在反主流文化全面流行之前，与它有关的意象就已经成为商业广告中的重要形象。在市场研究的影响下，政治理想默默地被转化成了经济欲望。冷冰冰的市场营销机制和对资本主义的批评纠缠在一个无穷尽的反馈循环之中，以至于除了消费自由之外，我们已经完全不知自由为何物。

按照功利主义的说法，市场营销的诡计就是维持快乐和悲伤、享乐和痛苦之间的平衡。市场必须被设计成可供消费者满足欲望，但永远不会让他们完全满意的状态，否则，他们对消费的渴望就会减弱。今天的营销者会谈论各种各样的情绪，比如"喜好"和"快乐"，但是，这些正面的情绪永远不是事情的终点。"焦虑"和"恐惧"也是情绪组合中的重要部分，如果没有它们，商家们就要面对一群心满意足而无欲无求的消费者。

在 21 世纪，知名心理学家和神经系统科学家的事业都蒸蒸日上，他们作为顾问或是作者，承诺为人们揭开"真相"，告诉我们人类如何进行决策、各种影响因素如何作用于人类以及如何激发特定的情感和情绪。由于需要询问人们想要的是什么，这在一定程度上抵消了行为主义者对这个潮流的兴奋感,使之没有达到华生时代的水平。边沁主义不认可语言是一种情绪指标,同样,神经营销者也认为要忽略人们对感受的语言描述,直接去测量情绪。

各种有意识地遗忘或者无视历史以及政治可能性的行为,构成了科学营销项目合理性的基石。历史总是被人遗忘,否则,人们也许会注意到,科学营销的每一次浪潮都是如此相似,却从来没有达成过它们最初承诺的成果。让人变得完全可控可预测这一理想从来没有实现过,而谈话这种全无技术含量的替代性选择又总是以这样或那样的形式重回历史舞台。政治也要在某种程度上被遗忘,谈话方法的每次回归,也只能限定在严格管控的规则和空间里,你可以在这里表达政治需求,但不能要求政治变革。

消费文化要想存续下去,最终不得不依赖人类语言的力量。一门建立在大鼠实验基础之上的科学,与各种关注我们眼部或其他身体部位的精密仪器,最终并不足以帮助人们销售产品,更不用说管理那些工作中的员工了。针对后一种目标,我们需要另外一组技术、仪器和测量工具,对"幸福"的评估就是其中的最后一个步骤。

第四章　病态的上班族

人们通常认为，资本主义会终结于一场百年不遇的危机。也许，确实会发生一场特别重大的金融危机，以至于政府无法挽救整个金融体系。也许，被利用的民众会怒火高涨，而怒火的集结最终会引发一场通向革命的政治运动。也许，是某一场生态灾难导致了资本主义体系的终结？最乐观地说，资本主义所具备的创新性，最终会通过技术革新创造出一个合格的接任者。

但是，在 20 世纪 90 年代早期，另一种乏味的可能性浮出水面。如果资本主义最大的威胁——至少是在自由主义的西方世界——仅仅只是人们缺乏热情和行动力呢？如果人们并没有掀起暴动或者明确对抗，当代的资本主义是否仍会走向衰亡？从政治的角度来看，这多少有些令人失望。但它确实是阻碍资本主义长期存在的一个问题。如果不对雇员阶层做出某种程度的承诺，企业就会遇到很多实实在在的问题，并且这些问题很快就会体现在企业的盈利状况中。

近年来，这种恐惧限制了管理者和决策者的想象力，它并非空穴来风。很多"员工敬业度"研究都重点强调了员工对工作心不在焉所带来的经济成本。盖洛普公司在这个领域进行了广泛的常规调查，结果显示，全球劳动力中只有13%的员工确实是"敬业的"，而在北美和欧洲地区，有20%左右的员工"非常不敬业"。据该公司估计，美国每年因为员工不敬业而蒙受的经济损失高达5000亿美元。不敬业的表现包括旷工、病假和出工不出力，其中最后一种通常更难处理。加拿大的一项研究表明，超过1/4的缺勤原因并不是生病，而是常见的工作倦怠。

很多私营部门的管理者不愿再同工会进行协商，但他们几乎所有人都要面对一个更加困难的挑战，那就是员工经常缺勤、缺乏工作动力或者长期的精神亚健康问题。抗拒工作不再以组织起来发出自己的声音或者彻底拒绝工作为表现形式，而是通过怠惰和慢性健康问题扩散开来。对于21世纪的管理者来说，确定一般性的厌倦与临床上的心理健康问题之间的界限是个挑战，我这么说是因为，他们要通过问员工一些私人问题来对他们基本上无力解决的问题做出判断。

劳动力敬业度不高对政府来说也是个问题，因为这会降低经济产出，从而影响税赋收入。在有社会健康保险和失业保险的国家，这个问题更加严重。人们经常会因为一些模糊不清且难于理解的个人问题而放弃工作，而后逐渐陷入一种更普遍的不活跃状态，这引发了越来越多的经济问题。这些人会定期到医院看病，因为某种无法确诊的疼痛或问题而向医生抱怨。这通常是因为他们非常孤独，没有其他人可以对话。失业侵蚀着人们的自尊心，而缺乏活力则引发了很多身心失调问题。这最终会导致心理和生理能力的全面退化，在很多社会里，政府不得不承担由此产生的成本。

而且，精神健康恶化问题对经济的危害，也不止体现在对劳动力市场规模的影响上。世界卫生组织在2001年预测，到2020年，精神疾病将成为世界范围内导致失能和死亡的第一大原因，这一预测在当时掀起了轩然大波。根据之前的一些估计显示，超过1/3的欧美成年人患有某种形式的精神疾病，尽管其中很多人的病症都未经就医诊断。它所导致的经济损失规模巨大。据估计，精神疾病给欧洲和北美造成的损失相当于GDP的3%到4%。在英国，该问题引起的经济损失（包括缺勤、劳动生产率低下、医药费等各方面因素）大约为每年1100亿英镑。这一数字已经远远超过犯罪带来的经济损失，而在剔除物价上涨因素后，这个数字在未来20年里可能还会翻番，除非我们能找到扭转现状的办法。

引发精神问题的原因显然是复杂的，不能将之简单地归结为经济因素，它们也不只会对脑部的化学物质产生影响。但它们对工作的影响威胁到了劳动生产率，这就是为什么它们会被加入到当今资本主义所面临的重大问题之列。这也是如今世界经济论坛如此关心我们健康和幸福的首要原因。对工作的不满与临床疾病之间的模糊区别，让管理者（特别是人力资源专业的管理者）开始学习各种干预员工精神、身体和行为的新方法。"幸福"是在描述这些新干预手段的目标时最常使用的词汇，它包括员工所体验到的幸福和健康。

管理者追求员工积极工作的状态是出于经济上的考量。无数研究已经证明，员工在感到开心时工作效率更高，其产出增量最高可达 12%。当他们在工作场所感觉被尊重、被倾听、有机会发表建议并参与到工作当中时，他们更有可能会加倍努力工作，而不太会请假病休。我们也已经知道，如果员工不能决定如何开展自己的工作，会导致一系列心理问题，给企业带来困扰，问题严重时，员工甚至会出现心理健康问题。通过强调幸福，管理者希望能将不够敬业到健康不佳的恶性循环，转变为主动工作到实现个人成长的良性循环。

人们很容易对此类尝试发表批评意见：管理者终究还是会尝试从劳动者身上榨取更多的劳动成果。但是，人们为什么不能同时认识到当前这种商业焦虑中所蕴含的机会呢？如果资本主义赖以存在的基础正在被长期的、模糊不清的精神问题侵蚀，那么，在尝试解决这些问题的同时，是否会为政治改革带来新的可能？现在，职业倦怠给雇主和政府带来了高昂的经济成本，这说明人类的痛苦已经成为一种长期问题，精英阶层不能只是一味推脱了。哪种类型的工作、哪种方式的工作管理可以让员工产生真正的责任感和热情，并不是个不值一提的问题。

困难的部分在于，管理者激发员工热情的难度，并不亚于避免产生心理健康问题的难度。由英国政府委托的一份关于员工敬业度的报告指出，很难说清楚这种无形的氛围是由什么构成的。专家们所谓"在某种程度上你可以感觉到它"，以及"一旦看到你就会认出它"的说法，证明我们在这一特定问题上缺乏客观标准。管理者和政策制定者都渴望能有一门与工作中的幸福感相关的硬科学。但是，紧随这类硬科学之后，各种问题接踵而至。

幸福训练营

面对他人身上那些难于辨识而且私密的问题，资深的政策制定者们有一个久经考验的应对方法：聘请外部承包商和顾问。一些专家愿意根据某种假定的科学权威，对他人的幸福进行解读和干预，而政府和市场对此有着显著的需求。这些专家既有合格的执业医师，也有不学无术的骗子。在处理他人身上那些令人痛苦的健康和幸福问题时，局外人的一大优势是可以不必周全地考虑各种道德责任，甚至在必要的时候可以一走了之。边沁设想由政府建立一个"国家慈善公司"来为人们提供工作，这一愿景预示了当今工作福利制度深陷在政府与市场之间无人负责的局面。

英国政府试图推动人们放弃对国家福利的依赖，进入劳动力市场，为此，它委托公共服务外包公司阿托斯对人们进行个人"工作能力评估"。从 2010 年开始，由保守派主导的政府一直在加速这一事项的进程，它导致了一系列悲剧事件和残忍行动。2013 年，阿托斯公司对 53 岁、患有公共场所恐惧症的盲人蒂姆·索尔特进行了评估，并认为他可以工作，索尔特的福利金因而被取消，他于数周后自杀；这只是其中的一个案例。阿托斯同样认定患有脑损伤和癌症晚期的患者"适于工作"。

2011 年，英国医学总会对 12 位在阿托斯公司担任伤残评估师的医生进行了调查，因为他们面临未履行照顾患者责任的指控。在 2011 年 1 月到 11 月之间，有 10600 名病患和伤残者在福利金被终止之后的 6 周内死亡。由于计算机故障，阿托斯认定一名已经死于伤病的伤残抚恤金领取者适于工作；这整件事情真像是一出黑色喜剧。

接下来就轮到激励人们去找工作了，政府再一次站到幕后，让承包商来承担最有争议的心理干预工作。承包商对那些被强制参加工作的人进行了态度和乐观程度方面的评估，然后开始设法激活他们的积极性。在英国，担任这项工作的是 A4e 和 Ingeus，他们和政府签订了让失业人群重返工作岗位的合同。报告称，大约 1/3 与他们接触过的人患有某种心理健康问题，而公司估计，实际的数字可能是它的两倍。他们使用调查问卷来了解和确认被调查者是否因为某种行为或精神障碍而无法工作（没有工作不是一个合格的理由）。

在这些承包商看来，失业其实是一种广义的自我感觉不适的"临床病症"，表现为个体的不活跃。解决方案由一系列训练项目和"行为激活"课程组成，以近乎无情地高效率重建失业个体的自我信念和乐观精神为目标。一位 A4e 课程参与者说，一位自救大师对他们大喊大叫着说"谈话、呼吸、饮食、排便，相信你自己""你是一个产品——不管你相信还是不相信"。

精神健康问题的经济学在哪里显现，对患者的关怀与惩罚之间的界限就会在哪里逐步消退。在 2007 年，经济学家理查德·莱亚德展示了认知行为疗法的"商业案例",考虑到这种疗法简单且疗程短,而且在维持就业率方面取得了显著成功,此疗法完全可以为英国政府节约费用。这催生了"增进心理治疗计划",在这一计划的推动下,英国国家医疗保健服务体系雇用和培训的认知行为治疗专家急剧增加。

但是,随着紧缩政策逐渐出台,人们对谈话疗法的认同开始呈现出一些变化。2014 年,英国政府宣布,如果伤残抚恤金领取人拒绝参加认知行为疗法课程,政府就会停止向他们支付这笔福利费用。这实际上是在强迫人们接受谈话治疗。政府并没有解释,为什么会认为这种只有在每周损失 85 英镑的威胁之下才会有人参加的疗法将对大部分人"有效"。

为了堵死逃避工作的所有途径,医生也被要求加入这一政策的实施中。英国政府于 2008 年发布的一份报告称"患病了就不能工作是一种谬论",而兜售这一观点的医生应当为此负责。政府发起了一场运动来免除医生在这方面的职责,用"适合工作证明"取代"病假单"(由医生签署的、证明某人不适合工作的一次性凭证)。无论一个人患有何种病症或残疾,这份证明都要求医生列出其可以参与的工作。政府鼓励医生在其起草的一份声明草案上签字,同意工作对人们有好处。

在劳动力市场的另一端,情况看起来稍微乐观一点,但在冷酷程度上却不遑多让。当阿托斯、A4e、Ingeus 和贫穷阶层显而易见的惰性以及悲观情绪纠缠不清时,高端健康顾问靠着向公司精英传授保持身心最佳健康状态的方法就赚得盆满钵满。

比如，吉姆·洛尔博士的"公司健将课程"（为期两天半，收费 4900 美元），向高管们介绍适用于精英阶层的"能量投资"策略，以帮助他们保持高水平的身体和精神健康。美国的劳动生产率大师蒂姆·费里斯则向资深经理人出售关于如何在工作过程中最好地使用他们头脑的建议，此人在职业生涯早期曾销售过各种无确切疗效的大脑功能增强营养液。

这一咨询团体在各个看似毫不相干的专业领域之间游刃有余。他们利用从运动教练、营养学家那里偶然得到的一些专业知识，再混以神经系统科学的各种故事以及佛教冥想练习，把关于动机的心理学与关于健康的生理学整合到一起。各种关于"健康""幸福""积极性"和"成功"的观点彼此渗透，但很少有关于怎么做或者为什么这么做的说明。与之相伴的是，人们相信存在一种人类生存的理想模式：努力工作、快乐、健康，还有最重要的，富有。让精英阶层趋于完美的科学建立在这一英雄式资本主义愿景的基础之上。与此相对应，这些从事高竞争性工作的商人对于自己所面临的风险——也就是我们平时所谓的"过劳"，包括更有可能患上心脏病、中风和神经衰弱——非常了解，它才是很多管理者健康计划背后真正的驱动力。

当然，资本主义社会中大部分成年人的生活状态都处于阿托斯公司和高管健康导师所在的范围之间。在劳动力市场广大的中间地带，相对不那么个人化的幸福观点是否有存在的空间？也许会有吧。但是，这里同样存在一些非常野蛮的竞争性管制措施，供那些因为员工不敬业及其对生产率造成的影响而焦虑的管理者使用。

企业家谢家华是美国最著名的工作场所幸福大师之一，他认为，最成功的企业都会从战略的角度出发，在他们的整个组织中有意识地培养幸福感。企业应当雇用首席幸福官以确保工作场所中的所有人都感到幸福。这听起来很像是应该提供给社区的解决方案，其实并非如此。谢先生建议企业找到对幸福计划最不热心的10%的员工，然后解雇他们。一旦企业这样做了，剩下90%的员工必然会"非常乐意参与"此事，心理学对此能够提供不止一种解释。

随着幸福科学向着以利润最大化为目标的企业最前线开进，随之发生了一些有趣的事情。对于边沁来说，幸福是某种行为或选择的结果。杰文斯等新古典经济学家和华生等行为心理学家对幸福做出了类似的假定，他们认为，人会被挂在他们眼前晃动的胡萝卜诱惑，进而做出特定的选择。但是，在商业咨询和个人辅导的背景之下，幸福似乎被赋予了完全不同的意义。突然之间，幸福成为某个战略或项目的输入品，成为一种可被利用的资源，能够为企业带来更多现金回报。边沁和杰文斯对人们心理的假设是，金钱会带来与其等量的幸福，现在它转回来了，告诉我们一件相反的事情，一定数量的幸福感能够带来等量的金钱。

新一代积极心理学管理大师之一肖恩·埃克尔在他的作品《快乐竞争力》中引用了一系列数据，来证明幸福之人在他们的职业生涯中能够取得更多的成就。他们更多地得到晋升，（如

果在营销部门）销售业绩更好，并且更加健康。幸福成为某种
形式的资本，让他们可以挺过充满不确定性的经济波动。就像
埃克尔的作品标题所说的那样，幸福在争夺成功的战役中是一
种优势。如果说埃克尔的见识有其局限性，那可能是因为他听
起来就像是个宿命论者：乐观的人在各个方面都比悲观的人更
幸运一些。

他在这些数据的基础上补充了一个关键性的意见，那就是
我们都有可能有能力改变自己的幸福水平。埃克尔告诉我们，
幸福是一种选择。我们可以选择幸福（从而变得成功），也可
以选择不幸福（并且承担结果）。神经系统科学家保罗·扎克，
是另一位经常就此问题发表谈话的知名顾问，他认为，我们应
当将自己的幸福看作一块"肌肉"，要经常锻炼它，让它保持
在最好的工作状态，以备不时之需。在这种高度个人化的情境下，
个人的痛苦与失败是应该被批判的，因为他们显然没能对这两
种状况做出充足的反应。

当我们这么看待"幸福"的时候，它到底意味着什么？它
看起来像是某种能量和适应力的源泉，我们总是在用它追逐幸
福之外的目标，比如地位、权力、职业和金钱。面对职场上的
职业倦怠和死气沉沉的心态，动机大师们只是单纯呼唤人们拿
出更多意志力来。按照这种解释，社交或放松之类可能会带来
幸福的行为，其唯一价值就在于它们会帮助大脑和身体恢复到
健康状态，这样人们才能有动力迎接下一个商业挑战。这一特
殊版本的功利主义意味着将公司行为的合理性进一步扩展到了

个人的日常生活领域，现在，我们甚至能找到一种"最佳的"工作休息方式，简简单单地散个步也可能成为生产率管理精打细算的一部分。这到底是怎么回事？劳动人民的痛苦是一个严肃的政治议题。我们怎么能用这种方式讨论它？

榨取努力

"能量守恒定律"于19世纪40年代被发现，这使得费希纳等生理学家和哲学家异常兴奋，同时也在实业家和发明家当中激起了一股热潮。如果能量可以在人、物质、热量和移动之间传递而保持守恒，那么，数学分析就可以产生史无前例的高效率生产技术。研究"永动"机械的努力就是这种乐观情绪的一个表现。

然而，这种热情很快就因为物理学家鲁道夫·克劳修斯在1865年的一个更为令人不安的发现而降温。这一发现表明，能量在从一种形态向另一种形态转变的过程中根本不能保持恒定数量。事实上，它会逐步地衰减。这就是"熵"的定律，它促使人们对工业资本主义的未来感到焦虑和悲观。在19世纪70年代，当杰文斯正在把经济学转化为某种形式的数学心理学时，生理学家和实业家正在为（尤其是在工厂里工作的）人们在体检中表现出来的疲劳问题而愈加烦恼。维多利亚时代的人们倾向于把怠惰和失业看作由饮酒及品行不端等造成的道德瑕疵。但是，到了19世纪80年代，人们逐渐开始觉得，工业劳动完全是在折磨人。人们因为工作而精疲力竭。

19 世纪末逐渐出现了一种紧张情绪。随着资本主义人力资源的减少，西方文明赖以存在的活力正在走向终点。数千名欧洲和美国的中产阶级认为自己有"神经衰弱"的临床症状，那是一种脑力衰竭的表现，可能是由现代城市生活的过大压力所致。我们的进步看起来只是过分努力的结果。

在 19 世纪末期，研究工作的科学与当下看起来并非全然不同。那时，疲劳是这门学科需要处理的首要问题，就像今天它要应对贫穷阶层广泛的缺乏活力以及富有阶层的过劳一样。疲劳被视为与国家经济有关的、需要优先处理的问题：国家之间经济产出的不同被认为是由相互竞争的各国劳动人口在生理学和营养上的差异造成的。一项研究表明，英国经济好于德国的原因可能在于，英国工人吃的肉更多，而德国工人吃的土豆更多。人体工程科学已经开始研究和拍摄运动状态下的身体，试图确定能量是如何被浪费的。研究者检查了人们的肌肉，甚至血液，想要了解工作中令人困扰的"熵"。

这就是机械工程师弗雷德里克·温斯洛·泰勒（Frederick Winslow Taylor）开始他作为世界上首位管理顾问这一工作的时代背景。泰勒出身于费城一个显赫而富有的家庭，他的家族可以回溯至乘坐五月花号到达美国的爱德华·温斯洛。这份家族传承非同寻常。泰勒就是因为他显赫的姓氏才得到了进入费城工业界的特权，他在那里的工作方式对其职业生涯至关重要。在 19 世纪 70 至 80 年代，泰勒在该地区众多成功的制造业工厂和钢铁冶炼厂工作，由于其家族关系，又自然而然地被提升到管理岗位。

泰勒本人从来不是一位实业家——他原本想成为一名律师。这让他同时具备局内人和局外人两种矛盾的视角（在他之后的每一位管理顾问也都如此），也让他能从一种与众不同的角度去观察制造业工厂，客观而平静地俯瞰其中的工人。他不光掌握着业务权力，同时也具备科学的超然视角。从他这种有利的观察视角看来，他所看到的大部分行为都是完全的浪费。当时，并没有系统的科学分析来帮助设计工作流程。管理者得到一定数量的生产资料，工人在一天里工作固定的小时数，但是，人们在探索如何得到最多产出的时候，似乎完全忘了使用数学的逻辑。

泰勒从来没有在哪一家公司工作太长时间，这也为他所开创的咨询行业树立了一个先例。他从费城的一家工厂到另一家工厂，在关于是什么使得工作不能以更加有效的方式组织起来这一问题上积累了大量真知灼见。到了1893年，他正式成为一名独立顾问，开始售卖他的知识。他的名片上写着"顾问工程师——系统车间管理及制造成本控制专家"。

在19世纪90年代后期，泰勒受雇于伯利恒钢铁公司，研究生铁制造过程。这是他第一次在车间进行"工时标定"的定量科学分析，目标是找到一种方法，提升工人在一天内装载到货车上的生铁数量。他不仅考察了劳动过程本身，还了解了工厂的物理环境以及每个工人的身体情况。他将生产分解成一项项独立的任务，这些任务需要被详细记录并合理化。即使当时的经济学已经转向了对消费的功利主义的研究，工业管理的问题仍然是纯物理性质的，目标就是投入尽可能少的机器和人力，换取尽可能多的产出。泰勒声称，他仅通过对工人的工作时间和动作进行合理化调整，并采取金钱激励的方式，就把生铁搬运工每日的平均产出从 12.5 吨提升到了 47.5 吨。

在伯利恒钢铁厂的研究让泰勒成为了商界与学界的名流。1908 年，哈佛商学院第一次提供工商管理硕士方面的课程，但是对课程设置并没有什么想法。泰勒作为世界一流的管理科学家受邀前往授课，并于 1911 年出版了集他各种理论之大成的著作——《科学管理原理》。工时标定研究在商人之间风靡一时，并于第一次世界大战前进入了欧洲的工厂。

由于接受泰勒服务的客户都对商业收入最大化很感兴趣，因此，科学管理也有非常广阔的政治吸引力。美国的进步人士相信，有了更为开阔的科学视野，就可以为了社会的共同利益而规范地管理公司。包括列宁在内的很多社会主义者，都将泰勒主义视为一种能够让社会无须依赖市场即可自行进入高效运转模式的模范。

泰勒本人也在他的新科学上附加了崇高的社会目标，他相信，科学管理能够终结劳资双方的纠纷，"以真诚的、兄弟般的合作"取代"争吵与冲突"。他认为，自己作为一个局外人进入公司的好处之一就是，他不会被卷入到管理层和劳动者之间的劳资纠纷中，从而保持政治中立的状态。劳资冲突将工作场所撕裂成两个团体，顾问可以从中起到协调的作用——当然，最初邀请顾问来调停纠纷的从来都不会是劳动阶层。

泰勒偶然的贵族背景成了管理顾问的样板，并延续至今。

麦肯锡、埃森哲、普华永道都按照同一种模式建立权威，他们向组织承诺会将管理的专业理念渗透到职场的每一个角落，但通常在他们完成工作的时候并不能看到很明显的效果。这可能是泰勒所造成的最有力的影响，除此之外，"泰勒主义"一词被赋予了非常负面的内涵。即使公司在职场的日常管理中继续推进员工监控和科学分析，现在的数字数据分析技术和移动设备也使得它们很难再回到弗雷德里克·泰勒所进行的那种冰冷的科学分析。原因很简单：人们认为，这种野蛮的管理方法会让员工不快乐。

为泰勒主义辩护或许不合情理，但至少其中的逻辑非常清晰。职场和管理者存在的意义就在于，使用最有效率的、最可行的方法创造价值。人们从来没有期待工人成为各有特色的自由人，就像快乐分裂乐队主唱、在23岁那年上吊自杀的伊恩·柯蒂斯所说的："我曾经在一家工厂工作，在那里我真的很快乐，因为我可以把一整天的时间用来做白日梦。"在一个泰勒主义的工厂里，劳动者必然要在工作中付出体力，但是，从来没有人期待他们付出任何具有个人特色或者无形的东西。这就是为什么管理者很快便放弃了泰勒版本的科学管理。

心理学初见成效

1928年，一位来自哈佛商学院的研究者与一位年轻女士在谈话，女士在伊利诺伊州西塞罗市的一家电话设备生产工厂工作，研究者问了她一个非同寻常的问题："如果可以许三个愿望，你会许什么愿？"女士迟疑了一下才给出自己的回答："健康、圣诞节时可以回家看看、明年春天去挪威蜜月旅行。"

说这个问题非同寻常的原因在于，研究者其实根本不关心这位女士的个人生活和她的愿望是否能实现。同泰勒一样，他感兴趣的是她的生产率。泰勒主义在第一次世界大战之前所引发的热切关注，到此时已经基本消散了，但是，管理理论家对泰勒的基本科学理念仍然有很大程度的共识。1927 年，哈佛商学院建立了一个疲劳实验室，实验室中有很多房间，房间里的温度各异，但都装有当时最先进的仪器。这些实验室主要用来研究人们的身体在进行各种工作以及休息复原时的反应。在一个以制造业和体力劳动为主导的经济时代，生理学和基础设施似乎是释放更好的劳动表现的关键所在。管理者并不觉得员工的圣诞假期或者旅行计划与他们有什么关系。

在电话设备工厂里问那个问题的人是澳大利亚人埃尔顿·梅奥（Elton Mayo），他是一位博学的人，但是，人们对于他渊博学识的来源却并不甚了解。他对哲学、医学和精神分析都有所涉猎，对第一次世界大战之后许多悲观的文化批评（例如奥斯瓦德·斯宾格勒的《西方的没落》）也很感兴趣。梅奥相信，文明正在走向衰落，而促使其衰落的原因就是劳资纠纷。他认为，公司唯一的解决方法就是向雇员提供各种形式的精神分析疗法，这会起到抚慰员工的作用，从而使他们与雇主的关系更加融洽。抵制管理者权威的雇员需要治疗。

1922 年，梅奥移居美国，先在旧金山伯克利大学担任客座讲师。他很快发现，洛克菲勒基金会为任何进行有利于商业运作的研究者提供可观的资助，他在其后的二十年里得到了一系列丰厚的津贴，并在某种程度上维持了富有的生活。因为这些研究，他来到了东海岸，有机会参观了很多工厂并考虑如何应用自己的理论。他的身心失调理论认为，工作场所内的精神疾病问题不但会表现为劳动生产率低下和行业动荡，还会导致高血压。在 1923 年到 1925 年期间，他参观了波士顿地区的很多制造业工厂，随行的是一位携带血压计的护士。虽然缺乏证据，但是，他很相信自己关于精神、经济和身体之间存在关联的理论，他想要证明它。

在 20 世纪 20 年代，关于工作的心理学研究是一个新兴的领域，这个领域的领军人物正是前些年曾引领广告心理学研究的一些学者。但是，梅奥的某些理论影响更加深远，他认为，应用心理学顿悟的方法可能会从根本上改良和挽救资本主义。工作可能成为劳动者人生意义最深层次的来源，并可能彻底消解工业化巨变的危机，方法就在于，关注工作场所中完整的人，包括劳动者所有的个人问题及其心理健康。1926 年，梅奥成为哈佛商学院的雇员。

伊利诺伊州西塞罗市的研究——就是所谓的霍桑实验——得名于开展研究的工厂名字，很快那里就成为管理科学的标志性地点。梅奥是疲劳实验室的建立者之一，但是，他工作成果的影响力体现在将人们的注意力从工作中的人体转向雇员的精神幸福。关于霍桑实验，现在流传着很多传说，其中之一是梅奥的主要发现得之于偶然。被选中作为观察和访问对象的女工，离开平时的工作场所来到一间实验室，在那里，她们可以放松下来，在一种不那么正式的欢乐氛围里进行交流。这似乎与女工们产出的提升有关系，梅奥曾经对原因进行了猜测：研究本身，包括采访过程，带来了劳动生产率的提升，因为女工们彼此之间建立了更高程度的群体认同感。当人们彼此之间建立关系的能力有所提高，他们工作的热情也将得到提升。这种研究对象对实验的反应具备普遍性，这一现象现在被称为"霍桑效应"。

通过对霍桑工厂的多次访问，梅奥得到的经验是，如果管理者希望雇员发挥更高的生产率，就要学会如何同他们谈话。一个不快乐的员工同时也会是一个没有效率的员工，而他们的愁苦来自一种根深蒂固的孤独感。他们也要懂得社会群体独特的心理特征，泰勒主义和新古典主义经济学假定他们所需要的可以被简单地归结为对个人的激励，但事实并非如此。一个欣欣向荣、互相协作的团体的群体认同性对于员工幸福感的贡献远比涨薪要高，正因为如此，它对于管理者的盈亏线更加重要。

有人怀疑梅奥的研究报告究竟是真的基于霍桑实验得到的数据，还是仅仅只是对一些他长期以来所坚信的、关于资本主义未来的理论的重新包装。实际上，那些女工劳动生产率的提升是与1929年的一次薪酬增长同时发生的，但是，那时的梅奥并不在工厂，而且他在自己的分析里也没有提及此事。然而，不管其工作的科学效度如何，梅奥对于管理思想的影响是深远而持久的。如今，每当我们听人说管理者必须要关注"完整的人"

而不仅仅是"雇员"、雇员的幸福感对于盈亏平衡线至关重要、我们必须要"爱我们所做的事情"或者将一个"真正的"自己投入到工作当中时，我们都是在见证梅奥的影响力。当管理者致力于为工作场所带来更多欢乐（这也是当下某些管理顾问所坚持要他们做到的），或者想要改变工作场所的气氛以提升员工的主观感觉时，他们都是在实践最初由梅奥所推崇的理论。

有益于健康的管理

在幸福领域专业知识的久远历史里，梅奥的干预中有趣的部分在于，他并不重视那些显然可以改变人们精神上的快乐和痛苦的物质手段。当他想要从群体心理学的角度了解工作场所的时候，金钱与肉体都不被认为是了解和影响幸福水平的合适手段。相反，与员工谈话以及促进他们彼此之间的关系成为测量和提升他们幸福感的主要手段。管理在诞生之初是一种控制奴隶和种植园的技术，在工业时代发展成管理重工业企业的方法，现在则成为一种社交与心理方面的"软"技能。

梅奥并不完全以这种方式考虑问题，但这确实是干预身心失调的手段，就像安慰剂一般。在 20 世纪 30 年代，管理的目标归根结底仍然与泰勒时代保持一致：提高体力劳动的产出。但是现在，管理者不再把精力集中在物理和生理上的工作过程，而是关注其中的社交和心理因素，希望能以此改进员工的行为和体能以及企业的经济效益。

现在，"心理疗法"一词指代一系列治疗方法，从心理分析方面的长期关系，到训练辅导之类的认知行为疗法方面的速效对策。但是，这个词最早的一个广为人知的应用是在19世纪晚期由医生进行的"谈心疗法"，这些医生意识到他们的患者在接受治疗时，不但会对治疗本身做出回应，也经常会对他们谈话的态度做出回应。

梅奥所倡导的理论是在工业领域得出的同类产物。一种开放的、注重语言交流的关系可以改进员工的精神状态，进而提升他们的体能表现。语言有助于让人们感觉更好，并带来更好的表现。它改善了泰勒主义的严苛机制，这一点意义非凡。它甚至可以被导向更加具有解放性的方向，那就是，将员工群体视为一个可以自治的实体，这可以让公司在未来进行更加民主的管理。在20世纪40年代至50年代，对于群体心理学的研究被用于很多方面，从战时对坦克指挥官进行分析到以小组会的方法研究消费者。

梅奥个人希望可以通过这种方式来麻痹员工的政治情怀。治疗性管理可以降低员工的不幸福感，也可以减少人们的抵抗。但是，它也意味着其他可能。一旦对话与合作被视为经济产出的基本要素，我们就能从中看到经济民主那具有变革力量的曙光。那位在车间工作的女工曾被问到她的三个愿望是什么，下一步难道不可以再请她谈谈应当如何管理企业吗？事情不会因此朝着政治的方向发展么？梅奥会对这种想法嗤之以鼻。但是，梅奥在管理上的精英论调完全不会减损社会心理学改变社会的潜力。

由于一些非常巧合的原因，战后时期，这种身心医学疗法在管理领域的同类产物正在随着时间的推进而逐渐显现出效力。

首先，在20世纪下半叶的西方，工作的体力劳动属性逐渐减少。到20世纪80年代，雇员对客户的关怀、服务理念和服务热情并非单纯地是一种可以帮助大量生产出更多产品的心智资源：它们本身就是产出。员工幸福感和心理参与度变得尤其重要，因为公司的业务变成了出售理念、经验和服务。企业谈论着"无形资产"及"人力资本"，希望能够跟上这股无形的职场潮流，但是，它们在实践中的表现既不像是资产也不像是资本。我们需要通过其他方式来认识工作。

其次，人们的健康理念开始发生一些深刻的变革。1948年，新成立的世界卫生组织将健康重新定义为"一种在身体、精神和社交上都非常幸福的状态"——这几乎是一种很少有人能够长久保持的理想化状态。健康和疾病不可见的一面开始进入人们的视野。特别值得一提的是，在精神病院数量减少的同时，关于"精神病"的观点也逐渐形成。这些观点认为，精神病也可以发生在那些生活在人群当中过着相对普通的生活之人身上，他们与那些普通的身体疾病患者是一样的。

心理历程对健康至关重要这一认知，对于卫生政策和医疗实践都产生了深远的影响，改变了医疗专业的本质。有时候，人们将这种类型的医疗实践称为"经验医学"，因为它不光与患者的身体有关，还融入了他们的体验，这在医疗诊断中尚属首次。到了20世纪70年代，出现了一系列用于评价健康状况的生活质量评定工具，这些工具不光考察患者的身体情况，还囊括了他们的主观体验。在区分人类生存或死亡、健康或疾病的二分分析领域中，出现了用于测量健康程度的新尺度。这在某种程度上是医学进步的一个表现：在药物能够更好地帮助人们预防死亡之后，人类的注意力开始转向如何才能更好地生活。

这一切与管理或者工作又有什么关系呢？20世纪后半叶，管理者和政策制定者所面临的问题是，所有的事情似乎一下子都一起从眼前消失了。随着制造业的衰落，工作开始变得无形。随着精神和行为方面问题的增加，疾病也开始变得无形。自20世纪60年代金融系统实现全球化以后，货币本身也开始变得无形。在医学、神经病学、职场管理和经济学的交融之下，员工活跃度和热情方面的问题渐渐消隐无形。员工的心理健康问题是处于健康保健和商业这两个领域交叉地带的问题，它使得这两者所面临的挑战都愈加难解。管理工作越来越像是一种心理治疗方法的、最初意义上的"谈心疗法"，它依赖于那些服务型员工的个人幸福感，来保证他们在工作中能尽可能地保持高涨的热情。

随着工作和管理性质上的改变，劳资双方对抗的性质也在改变。员工反抗管理的方式，一般来说都不为管理者所乐见。泰勒主义将人物化为劳动力资本，员工对抗它的经典模式是通过工会来进行对话或罢工。他们以此来告诫已经习惯于无视员工感受和欲望的管理者，不能再继续这样下去。

战后，随着梅奥治疗型管理风格的传播，员工对管理的对抗也开始有了不同的表现形式。管理者越来越鼓励后工业化时代的员工"做自己"，并对他们"开诚布公"，员工表达反抗的方式只能是再次回归到身体。唯一能够避开一位要与你做朋友的管理者的方式，就是身体不适。随着可诊出病症的增加，想要做个完全"健康"的人越来越难，生病成了人们拒绝工作的主要表现形式之一，20世纪70年代以来尤其如此。显然，管理不能只关注人际关系和主观感受，在它们之外还要关注有生产力的人的身体。为了让员工真正地投入到工作当中，我们需要一门真正的科学来使人达到最佳状态，在这门关于人类身心的科学当中，精神和身体都是人的一个有机组成部分。接下来我们就要谈谈身心管理中最后一个部分。

工作中的全人和幸福感

1925年，布拉格大学一名19岁的奥地利籍医科生汉斯·西利发现了一件事情，可是这件事情如此显而易见，以至于他几乎不敢向导师汇报。西利在课程中要观察许多患有各种疾病的患者，慢慢地他发现，所有病人，无论身体状况如何，都表现出一些共同之处。他们每个人的检查报告上都有关节疼痛、食欲不振、舌苔厚重。简单来说，他们看起来都不健康。

他后来如此回忆这一时刻：

即使是现在，时间已经过去了半个世纪，我仍然清晰地记得那些思考在当时带给我的深刻印象。从医疗发展史的黎明时代以来，我一直都不能明白，医生们致力于识别每一种疾病以及找到各种治疗疾病的方法，却并没有对如此显而易见的"疾病初发期的症状"给予任何关注。

当他与自己的导师分享他的发现时——姑且称之为病人看起来生病了——他收到了一个非常讽刺的评价，"如果一个人是个胖子，他看起来确实很胖。"但是，西利拒绝放弃自己的发现。西利的家族中医师辈出，他曾经在童年时代陪伴自己的医生父亲到维也纳的贫民区出诊，他对治疗过程有着比较传统而全面的了解，也具有强烈的使命感。作为一位医学界的"心理治疗师"，他已经认识到，医生与患者之间的互动是影响病人对治疗方案的反应的关键因素。很多人希望找到一个能够衡量人类最好状态的指标，并通过这一指标来制定所有的公共和个人决策，但这些希望最终都破灭了。这一理想的根基在于，希望可以通过了解某个可量化的实体，来克服人类文明的模糊性和多样性。无论这一实体是效用、能量、价值还是情感，一元论者的工作总是无法避免此类形式的简化。病人看起来不健康，西利这看起来了无新意的观察结果，是一元论简化的又一个版本。十年后，他将自己的发现发展成了一种名为"一般性适应症候群"的科学理论。

从医学的角度来看，这一观点的创新之处在于，西利所描述的症状并无特指：它包含一系列的症状，但是症状与各种诱因或失调之间并没有特定的相关性。他在动物身上做了很多探索性实验，把动物扔进冷水、切伤它们、给它们服用有毒物质，并观察不同形式的伤害如何激发出同一种模式的生物反应。

和任何生物系统一样，动物会感受到各种外部的刺激、侵入和需求，并对其做出反应。西利感兴趣的是这种反应的本质，有些时候，这种反应本身就是问题所在。受到过度刺激或过低刺激的生物系统都会停止工作。任何器官的健康都需要适度的活动，既不能太多，也不能太少。在西利看来，人类也是如此。那些"看上去不健康"的患者，全部都表现出各种疾病所共有的某些身体反应。关于人类一般性健康的一种一元论呼之欲出。

直到20世纪40年代，"压力"一词都主要被用于与金属有关的问题，很少为工程和物理领域之外的人所知道。一根铁棒在无法完成指定工作时就会变得"有压力"。西利认为，工程师对于桥梁一类的设备所谓的"磨损"，与他对于人体所定义的"一般性适应症候群"是同一类问题。一般性适应症候群实际上就是"人体磨损率"的一个指标。在第二次世界大战之后，他将这一症状重新命名为"压力"。到了20世纪50年代，它已经成了医疗和生物研究中独具特色的新兴领域。

像梅奥一样，西利从来不认为自己仅仅是一名学者：他是在完成一项使命。从他对疾病的整体性观点来看，如果不具备应对外部刺激和需求的能力，整个社会以及文化也可能会生病。同样，如果它们没有接受到充分的刺激，也会变得消极被动缺乏活力。西利在晚年将他的想法发展成为近似伦理哲学的一种理论，这种以自我为中心的理论看起来有些吓人。他声称，一个健康的社会是建立在"利己的利他主义"的基础之上的，也就是说，每个人都致力于得到他人的敬慕。这会带来一种自然的均衡，以自我为中心的个人得以与他所在社会融为一体：

如果一个人的个人主义以及他所囤积的有价值的东西，只能通过积极地生活、友爱、感恩、尊重以及所有其他积极的感受表现出来的话，那么，就没有人会与别人结仇。因为，恰恰是这些东西才使得一个人成为对其所在的社群有用并且通常也是不可缺少的一员。

虽然西利的愿望是建立一门能够诊断所有社会问题的科学，他所探求的答案确实给生物学提出了挑战。他的假设具备典型的一元论特点，他认为，一个社会或组织只是一个更大规模、更加复杂的生物系统，它们的行为都可以被还原到器官和细胞的行为。

不考虑西利所进行的生物学研究以及他那男性至上的自由主义政治观点，他对于压力本质的非限定性研究为这一理论进入管理学领域提供了机会。在西利看来，压力只是对过剩需求的一种特定反应。这同样也适用于心理学和组织形态的研究。事实上，美国部队虽然没有使用"压力"一词，但是他们在第二次世界大战期间也发现了同样的问题，那些参战时间过长的士兵通常都经历了类似的心理崩溃。压力型需求在一个人身上造成的影响并不仅仅表现在身体方面，也表现在社交和心理方面。需求和反应之间的关系，除了有生物学方面的解释外，还可以从一系列其他的科学角度进行解释。对压力的研究成了一个很特别的交叉学科。

　　关于如何应对身体和精神需求的研究，也可以被完美地应用于对工作的探究。压力被定义为我们无可选择、无法避免的一些事情。当我们受困于某种境况，不得不对它做出反应时，经常就会有压力。职业健康领域出现于 20 世纪 60 年代，它研究的是工作如何对人的身心产生影响。通过研究不同类型的工作需求如何对人的荷尔蒙和情绪产生影响，取得了诸多颇具变革潜力的发现。它并不是过多的压力会对人产生不好的影响这么简单；职场对人的要求不足或令人厌烦时，人也会变得不健康，这一点西利已经有所发现。我们现在对于失业作为潜在健康风险的关注，就是后者的表现之一。

　　梅奥对于对话的强调开启了对职场阶层的批判，人们开始要求更加彻底的平等，同时，对职场压力的研究也一度起到了同样的作用。20 世纪 60 年代，密歇根大学心理学家罗伯特·卡恩及其同事进行的研究，重点阐述了各种权利结构和工作设计对雇员健康产生影响的方式。显然，设计不良的工作任务以及缺乏职业认可的心理状态会增加身体和精神欠佳的可能。员工对自己执行任务的时间和地点没有任何影响力也是一个压力因素，会对其身心产生不良影响。企业中不公正的层级与员工的身体不适之间存在很多清晰的关联，而且，这一点正在变得越来越清晰。与之相关的最重要的一个发现就是，压力会导致血液中皮质醇的增加，引发动脉硬化，增加心脏病发作的风险。除了备受关注的高管阶层过劳现象外，这种类型的压力在那些在职场中缺乏权力和地位的群体中更加普遍。

　　到了 20 世纪 80 年代，西利于 1925 年首次在演讲中界定的
非限定性综合征已经成为西方管理者所面临的最为紧迫的问题之
一。员工不再直接报告弗雷德里克·泰勒所理解的身体上的疲劳；
也不再简单地像埃尔顿·梅奥所理解地那样感到不快乐。现在的
员工呈现出一种广泛的、行为上的不活跃，也就是我们定义压力
概念时所使用的身心失调和衰竭症状。2012 年，在英国，压力超
过重复性劳动损伤，成为缺勤的首要原因。它很难被简单地划分
为身体疾病或精神疾病。压力可能会由工作引发，也可能会由人
们无法应对的社交、心理或生理需求引发。

　　对于因劳动力损耗而忧心忡忡的管理者而言，关于压力的
科学具有极其重要的意义。它已经成为人力资源专业领域最重
要的问题之一，该领域的工作人员要面对员工各种复杂的"生
理－心理－社交"抱怨，并找到解决问题的基本方案。压力的
影响因素涉及范围极广，有些可见，有些无形，这让试图控制
压力的努力举步维艰。对于那些从事危险工作的人来说，想要
控制身心失调的风险就更加困难，他们的工作不稳定，甚至没
有管理者为他们提供长期的支持。20 世纪 60 年代的职业健康
研究成果显示，我们应当从这些情况中认识到，职场的基本政
治机制已经失去正常功能，它所需要的不是头疼医头式的简单
治疗，而是一种更加根本性的变革。但是，这就是我们应当从
中得到的教训吗？

泰勒的回归

1928 年，当霍桑工厂的那位年轻女工告诉埃尔顿·梅奥她想去挪威进行新婚旅行时，如果梅奥是她的老板的话，那么这一行为表现出了一种非同寻常的亲密感。在 21 世纪早期，大公司的管理者与他们的雇员之间所保持的亲密关系与此非常不同。

联合利华是全球范围内的食品、美容产品和清洁用品制造商。2001 年，该公司的高级管理层要求开展一个项目，帮助他们管理自己的精力水平，因为他们害怕自己陷入高管工作模式的生活方式。在他们从事的行业里，有很多专家能够帮助他们设计好个人的工作模式。为此，公司开展了"燃灯者"健康与幸福计划（该项目在澳大利亚的名称为"点燃你"），为高级管理层提供定制化的服务，帮助他们在保证业绩水平的同时，避免压力带来的风险。燃灯者项目的商业利益很快就显现出来，数字显示，为该项目投入的每一英镑都能够得到 3.73 英镑的回报。该项目很快在联合利华全球的数十个办公区展开，随后又被推广至全体员工。

燃灯者一类的项目正在变得越来越普遍。它们试图广泛地识别出与员工健康和幸福有关的一系列风险，包括员工的体育活动和"心理承受力"。燃灯者项目要求联合利华的雇员接受一系列正式（但保密）的"行为"评估，该评估涉及营养、吸烟与饮酒、锻炼和个人压力水平。当下最先进的职场已经表现出医生手术室的某些特性，就像医生也要具备一些管理者的技能一样。数字监控健康的手段被我们称作"健康 2.0"技术，它与提升生产力的技术时常难以区分。苹果 6 在 2014 年 9 月发布了健康应用，被视为苹果公司重塑我们日常生活的另一个例子，人们并没有停下来想一想它到底是为谁研发的。不用说，雇主、健康保险公司和健康服务提供商都是用手机持续监控人体行为的主要拥护者。

现在，很多"最佳实践"雇主都为自己最有价值的员工提供免费的健身房会员资格，甚至是免费的健身教练咨询。Virgin Pulse（一款知名的健康监控应用，它将脉搏作为健康最可量化的指标）一类的商业服务，提供一整套的身心调理计划，通过密集的电子化监控与辅导，来帮助人们在体能水平、注意力持续时间以及他们"真正的内在驱动力"等方面达到最好状态。当工作（以及疾病）中的身体和心理因素日益交缠在一起时，"健康""幸福"和"生产力"的概念越来越难分彼此。雇主将三者合并为同一事务去处理，通过一系列的激励手段和仪器设备来达成产出的最大化。这就是 21 世纪管理者的一元论哲学：每个员工都有可能在身体、精神和产出上变得更好。

随着绩效管理和卫生保健融合成一门关于提升幸福水平的科学，更加彻底地认识对话和职场授权对员工的好处这一政治期待，现在变成了失望。然而，也有一些激进的政治经济学家认为，当前非实体化的工作中存在着建立一个全新工业模型的机会。"知识经济"来临，创意和人际关系成为商业价值的核心资源，它可能会成为一个全新职场结构的基础，在这种新结构中，权力被分散，而决策则由人们一起达成。我们有充分的理由怀疑这种模式是否能减少身心压力；在这个意义上，它们是否会比现状更好。如果梅奥所说的是对的，职场的对话是提升生产率的必要因素，那为什么不让它在决策制定过程中发挥最大的作用？而不是将语言扭曲成操作情感的工具，说着讽刺性的管理语言，期待通过这种手段得到更多的产出；对职业疾病问题更为诚实的反思，需要叩问少数资深管理者对地位和报酬的追逐。相反，传统的管理手段和管理层级已经因无处不在的电子监控而简化，它使企业得以记录、分析以及管理员工非正式的行为及沟通。

与这种逐渐流行起来的公司形象相比，我们也看到了一种弗雷德里克·泰勒式的"科学管理"的谨慎回归，不过，现在的科学管理对身体、运动和绩效进行了更加详细的监控。员工绩效评价的前沿领域已经转移到身体监控设备，这些设备可以进行心率监控，实时分享健康数据并分析压力风险。说来奇怪，自 19 世纪 70 年代以来，我们关于怎么才算是一个"好"员工的观点走过了一个彻底的轮回，从最开始人体工程学对疲劳的研究，到心理学，到身心医学，最后又再次回到了对身体的研究。也许，管理优化的秘诀只需要把握住一些可见的东西。

第五章　权威的危机

近年来，在英国保守党的眼中，本党年会似乎成了一场定期爆发的公关危机。这些会议通常都会在诸如布赖顿（英国南部城市）和布莱克浦（英国北部城市）这样的海滨城市举办，成千上万的地方保守党代表聚集在一起选举新领袖，似乎只有在这个时候他们才可以摆脱政治得体和现代价值观的牵绊。无论是从会议里传出的低水平种族主义言论，还是聚光灯下黯淡无趣的典型男性形象，抑或年长的党派支持者口无遮拦地表达对同性恋爱关系的厌恶，潜在的尴尬与危机几乎无处不在。

但在1977年，玛格丽特·撒切尔执掌该党两年之后，党内被注入了一股锐气和意想不到的活力。当时，威廉·黑格（William Hague）还是个16岁的中学生，他走上讲台，操着浓重的北方口音，打破了会场死气沉沉的气氛，赢得了一片热烈的欢呼声，鼓掌的人群中就有后来担任首相职务11年之久的撒切尔。

20年后，黑格成为他所在政党的新领袖。他心中的女英雄在取得80年代选举胜利时获得了巨大的荣光，他却从来没有享受过这一待遇。但毫无疑问，他非常欣喜地看到在这期间英国社会所发生的变化。重商主义、自由市场成为当时西方世界的主流。就像自己在少年时期所预想的那样，竞技运动的政治吸引力如今已经达到了空前的高度。

从上世纪 90 年代初开始，一直到 2007 至 2008 年金融系统崩溃之前，经济保持了长时间的高速增长，在此期间，对各地的政治领袖来讲，体育能力毋庸置疑都是加分项。对一些城市来说，最受欢迎的国际体育比赛，比如足球世界杯和奥运会，是一项万众瞩目的活动，在成功职业运动员的耀眼光芒下，当地政治精英与有荣焉。时任英国首相的托尼·布莱尔，曾走进英国广播公司的演播室，担任一期黄金档足球节目的嘉宾，跟主持人闲聊自己最喜欢的中场球员的球技。他的继任者戈登·布朗也如法炮制，在他入主唐宁街 10 号的第一天，就大谈特谈自己中学的橄榄球队如何一直激励着自己前进。当其公信力在 2008 年的夏天岌岌可危之时，他又拿起了黑格最初的那一套，将自己的全部力量投入到竞争更激烈的校园运动中。"我们希望学校能有更多这样的精神，"他声称，"不要搞人人有奖的平均主义、皆大欢喜，而是要引入更多的竞争。"

同时，似乎所有问题都可以借体育竞技之名来解释。每次管理层加薪时都会使用在"人才的竞争中"保持"赛场公平"这样的字眼。2005 年，当托尼·布莱尔被记者逼问在其任期内社会不公现象日益加剧的问题时，他回应说，"让大卫·贝克汉姆少赚一点钱并不是我工作最迫切的目标，"尽管实际上记者的问题跟足球毫无关系。

即使在 2008 年新自由主义模式彻底失败之后，英国的政治阶层还是重新捡起这一论调，声称在"全球竞争"的格局下，要进一步削减福利，放松对劳动市场的管制。在后撒切尔时代，巩固"竞争力"和"超越国际竞争对手"成为所有产业、城市、学校乃至整个国家的文化需求和精神信条。成功学——不论是在生意、体育还是生活中——成了一门显学，让退役运动员、商业大师、数据专家等重新聚拢在一起，将成功学从体育扩展到政治、从战争扩展到商业战略、从生活指导扩展到各个学校。

但是，当少年时代的黑格畅想三四十年后的生活时，新时代里有一个重大的潮流是他或者其他任何人都没有预料到的。后来的事实证明，竞争和竞争文化，包括竞技体育，是和心理失调的产生紧密相关的。这种心理失调在 1977 年时几乎还无人关注，但在世纪末时，它已经成了政府制定政策时最大的顾虑之一。当 20 世纪 70 年代即将结束时，西方资本主义国家正处于心理管理新时代的风口浪尖。这个时代中最受人关注的心理失调症状就是抑郁症。

观察抑郁症和经济文化之间关系的方法之一，就是看抑郁症的确诊率与全社会经济不平等水平之间的数据相关性。毕竟，任何一种竞争都是为了避免平均。一个社会越平等，例如北欧国家，其抑郁程度就越低，社会满意度就越高；而在美国和英国这样经济高度不平等的国家，抑郁的情况更为普遍。调查数据还表明，相对贫困（与社会其他成员相比更为贫困）带给人的痛苦程度和绝对贫困是一样的，这种低人一等的心理暗示和焦虑的状态，再加上金钱方面的压力，很容易引发抑郁。由于这一原因，不平等对抑郁症的影响在相对收入较高的人群中显得更为明显。

不过，数据之间的关联性还远非全部。在数字的背后，有令人担忧的证据表明，竞争文化本身也能引发抑郁，它不光给"失败者们"带来痛苦，同样也折磨着"成功者们"。黑格认为，竞争会让许多人"看起来低人一等"，如今，这种担忧不仅被证实，甚至还远远超过了 20 世纪 70 年代左翼学者的想象；它让你觉得，你确实就是低人一等。近年来，越来越多的职业运动员坦承自己曾经或正在与抑郁症作斗争。2014 年 4 月，英国一群著名的退役运动员发表了一封公开信，呼吁"体育总监、教练和运动员培养项目的领导们，在培养运动员'竞技能力'的同时，也要注重他们的'内在健康'"，以保护职业运动员不受抑郁症这一高发心理疾病的影响。

乔治城大学的一项研究表明，大学中橄榄球运动员发生抑郁症的概率要比非橄榄球运动员高出一倍。另外一项研究发现，女性职业运动员表现出来的性格特征和进食障碍症患者类似，两者都与强迫症有关。另外，美国心理学家蒂姆·卡塞尔进行的一系列实验和调查表明，围绕金钱、地位和权力的"成功学"价值观，与更高的抑郁症风险和更低的"自我实现感"是正相关的。只要我们通过与人对比来衡量自身的价值——这正是所有竞争要求我们去做的，我们就有可能在对比中彻底失去对自我价值的认可。这其中可悲且讽刺的是，这种竞争心态会阻止人们，包括小学生，去参加任何形式的体育锻炼。

如此看来，像美国这样一个无时无刻不在强调个人竞争力，且竞争心态已经在每个人的脑海里留下深深烙印的社会，抑郁现象如此普遍，对抗抑郁药物的需求如此庞大，也就一点也不奇怪了。如今，美国有大约三分之一的成年人，英国有将近一半的成年人，认为自己不时受到抑郁的困扰，尽管最终的确诊率要低得多。心理学家发现，当个人把成功都归功于自己，而认为失败都不是自己的责任时，他是最为开心的。这听起来或许有些自欺欺人，但跟把所有成功和失败都归咎于个人能力和努力程度的、充满竞争和压抑的文化相比，毫无疑问两者并没有什么本质区别。

美国社会难道不是一直充满竞争么？这不正是最早来这片大陆的定居者、美利坚的国父们和建立美国资本主义的企业家们最初的梦想么？这一将社会视作竞技体育的迷思肯定要远远早于 20 世纪 70 年代，只不过是到了 20 世纪 70 年代末，抑郁症才第一次引起了人们的重视。在 1972 年，英国心理医生对抑郁症的确诊率是美国的 5 倍，这一点在如今看起来简直不可思议。甚至到了 20 世纪 80 年代，美国人对镇静剂的使用量仍然是抗抑郁药的两倍还要多。这究竟有什么改变？

从"更好"到"更多"

16 岁的黑格站到大会讲台上时，正好赶上西方世界经济政策的历史性转折。按照最为人接受的收入差距衡量标准来看，自 1977 年以后，英国的收入不均现象就越来越严重。但与此同时，一些大公司感觉到，在市场管理部门、工会和压力游说团体的掣肘下，自己的生产经营受到了严重的影响，因而，在其推动下，越来越多的市场管制措施被取消。持续高涨的通货膨胀率使得包括英国政府在内的许多政府采取了"货币主义"政策，试图通过控制货币流通量来维持经济增长，但这一政策也给经济增长和就业带来了许多不利影响。撒切尔和罗纳德·里根政府已经准备好迎接一个后来被称为"新自由主义"的时代。

认识新自由主义的方法之一就是看事情从开始之后是怎样发展的：节节攀升的管理层薪酬、史无前例的高失业率、金融业对经济和社会其他部分的绝对控制地位，以及私营经济中的管理技巧对人们生活无处不在的渗透。分析这些形势十分重要。但同样重要的是，要了解这些事情是怎样发生的又为什么会发生。要想做到这一点，就需要逆向思考，从黑格吹响战斗号角起往前追溯 20 年，来看看这些年到底发生了什么。就是在这 20 年间，构成新自由主义最关键的因素开始从知识界和政治界所忽视甚至是蔑视的边缘，逐渐发展成为新时代的正统思想。这其中蕴含着对竞争力和幸福管理理念的推崇。

20 世纪 60 年代，处于文化和政治战场核心的，是极端相对主义对道德、知识、文化甚至是科学权威的严重侵蚀。以前，总会有人宣称某些行为是"正常的"、某些主张是"正确的"、某些结果是"合理的"，或者某种文化是"高等的"，如今，这些都开始被人质疑。当这些议题的传统权威试图为自己辩护时，人们指责他们只是站在自己片面的立场上来看待问题，并用自己僵化刻板的语言来解释这些。当某些价值观比其他价值观"更好"或"更正确"时，人们总会在某方面达成一致，而在另一些方面存在分歧。

20世纪60年代所提出的政治问题和哲学问题的核心就是这些。一旦社会失去了公认的等级制度以及共同的价值观，怎样才能在任何一个公共问题上都达成一致？一旦语言本身被政治化，怎样才能有普世的政治语言？当代表本身就被认为是充满偏见的政治行为，世界和社会该如何被代表呢？从政府的角度来看，问题就在于，民主制度已经走得过头了。

杰里米·边沁所主张的科学的、功利的政治政策愿景，起初是由于他迫切地想要净化法律流程，去除那些他认为污染了政客和法官语言体系的抽象的废话。从这层意义上来看，他希望能把政治从哲学中解脱出来。但从不同的角度来看，它还有另一种功用。数学量化后的措施同样可以防止政治陷入过度民主和文化多元化的泥潭。20世纪60年代，边沁所强调的有效的、科学的心理福利衡量标准以多种不同的面貌重新出现，有些与反文化相关联，另外一些则被保守派大力鼓吹。这些主张在政治上取得的成功足以使他们宣称自己可以免受争论的困扰。他们所共同主张的一点，就是将数字视为重建新的公共语言的一种手段。

由于个人和文化视角的不同，人们无法就什么是"好"、什么是"坏"达成共识。在这样的社会中，量化的标准就成了答案。这个标准所衡量的是数量，而非质量。它不反映好坏，只显示多少。它并不负责建立一个从最坏到最好的价值体系，而只是提供一个从最少到最多的数量范畴。当没有什么能够解决争论的时候，数字就成了最好的答案。

20世纪60年代的这些主张所留下的最为显著的影响，是让人们认为"多"比"少"好。增长就是进步。不管一个人的需求和欲望如何，他所相信的又是什么，最好的办法就是获取尽可能多的东西。在一些亚文化群体和心理学运动中，"增长本身就是好的"这一信念表现得尤为明显。由亚伯拉罕·马斯洛（Abraham Maslow）和卡尔·罗杰斯（Carl Rogers）创立并发展的人本主义心理学，试图重新设定心理学——甚至是整个社会——的研究方向，摆脱陈旧的常态化原则，转而追求更大的自我实现。他们认为，人们被20世纪50年代单调乏味的文化所束缚，从而被限制了成长的能力。假定个人的成长会受到"自然"或"道德"的限制，等于重新回到了传统压抑的窠臼。不久之后，大公司们也提出了市场管制会严重阻碍公司利润增长的理论。

民意调查专家哈德利·坎特里尔曾为罗斯福政府效力，1965年，他主持了有史以来第一次对各个国家幸福指数水平的调查比较。他与著名的调查机构盖洛普公司合作，用全新的方法对全世界各个国家的群众进行民意调查，这一方法被他命名为"自我定位奋斗量尺"。过去，民调公司感兴趣的是人们对某一产品、政策、领导人或机构的看法。坎特里尔的创新之处在于，他致力于探究人们对自己生活的感受以及自我抱负的看法。态度研究使人们开始关注自身以外的世界，用数字来表达自己的观点。而坎特里尔使人们向自身深处探究，用数字来表达自己的认知。这是现代幸福研究发展过程中的一座里程碑。但正如"自我定位奋斗"这个词本身所透露出来的一样，在这个孤独盲目的社会，个人的自我实现已经成了支配一切的首要原则。

问题在于，即使在一个只关注自我实现和成长的社会，仍然需要某种形式的政府和权威。谁又能提供这种权威呢？在哪里可以找到专业的指导，为这一执迷于增长和相对主义的新社会书写最基本的社会法则呢？

从 20 世纪 50 年代晚期到 70 年代晚期，我们见证了一个新专家群体的崛起，他们有能力为这一新的文化盛景重建权威。和他们所取代的——通常是有意的——旧的科学和政治权威不同，新的权威地位全无专业主义的传统道德负担，而是源于其公正客观的量度、分等、比较、归类和研判的能力，且丝毫不为道德、哲学或社会的压力所羁绊。过去的专家总是满嘴的"公共利益""正义"和"真理"。用边沁的话来说，他们是被理论控制了头脑，从而成为"声音暴政"的受害者。而新的专家只是技术专家，善于使用他们掌握的工具和标尺，他们骄傲地宣称，这些工具和标尺是"没有理论偏好的"。

在一个政治争端到了要付诸暴力甚至更残酷的手段来解决的时代，客观公正的科学家们——哪怕只是可以去测度和归类——就成了新的权威。更为关键的是，这一社会思潮同时兼具了反文化和保守两种特质：说它反文化是因为它将旧的权威赶下神坛，说它保守是因为它对自身政治前进的方向没有任何定见。从这个方面来说，这些专家们提供了一条逃离"文化战争"的出路。许多 20 世纪 60 年代还处于美国学术圈边缘的人物，到 80 年代时已经成为当时竞争性抑郁的新社会的构建者，从他们中许多人的传记中可以看出，新自由主义的种子早在那时就已经种下了。

边沁在芝加哥

芝加哥海德公园周边的街区有些许怪异之处。绿树成荫的道路两旁整齐排列着 19 世纪晚期的建筑，给人一种美国许多上层社会聚居的郊区都会有的感觉。久负盛名的芝加哥大学就坐落在这个街区的中心，学校建筑效仿牛津大学的哥特式风格，并搭配中世纪风格的角楼和彩色玻璃。在海德公园林木比较茂盛的地方漫步，看着墙上爬满的藤蔓和精心修剪的草坪，游客很容易忘记自己身处何方。不过，大学校园每条道路和每个角落都安装了紧急电话，白色的杆子和电话上方的蓝灯提醒着人们，这里其实并非世外桃源。海德公园是一处学术圣地，安宁祥和，但由于地处芝加哥南区（黑人聚居区），游客们被忠告不要朝任何一个方向走得太远。

芝加哥大学的蜗居之处是"芝加哥经济学派"发展起来的一个关键因素，这个学派也为新自由主义政策革命的酝酿和实践提供了理论基础。芝加哥本身距华盛顿 700 英里，距马萨诸塞州的剑桥市 850 英里，而剑桥市是世界著名学府哈佛和麻省

理工的所在地，也是美国传统经济学派的大本营。芝加哥大学
的经济学家们不仅仅是偏居海德公园的一隅，他们与传统的政
治学术中心也远隔千里。他们除了彼此之间做些学术辩论之外
别无选择，在第二次世界大战之后的三十年间，他们在这种辩
论中投入了极为旺盛的热情。

在 20 世纪 30 年代，那些被称作芝加哥学派的学者们开始
聚集到雅各布·瓦伊纳和弗兰克·奈特两位领袖的周围。到了
20 世纪 50 年代晚期，他们已经形成了极为紧密的裙带关系。
在这里，我们所说的裙带关系并非比喻：米尔顿·弗里德曼娶
了罗斯·戴瑞克特为妻，她是战后芝加哥学派核心人物亚伦的
妹妹。除了同处偏远地区之外，这些经济学家在学术和文化上
还有许多共同特征。其中之一就是共同的被放逐感。

20 世纪 70 年代早期，在当时占据统治地位的凯恩斯理论出
现裂痕之前，几乎没有人会严肃地把芝加哥当作一个经济理论
中心，在里根政策革命开展之后，哈佛和麻省理工才不情愿地
承认了它的地位。而芝加哥学派的经济学家们也恰逢其时地开
始陆续获得诺贝尔奖。随着 60 年代临近尾声，弗里德曼成了保
守派经济学家的代表人物，他的父亲是犹太移民，而对于自己
缺少传统学术资历这一面，他总是直言不讳甚至引以为傲。芝
加哥学派另一位声名显赫的人物盖瑞·贝克坦言，他们这些人
内心深处都有些"自卑和愤愤不平"。他们打破传统的使命感
一定程度上是受了东北部自由派精英知识分子的刺激，这些自
由派掌控着美国，并把自己的统治地位当成"理所当然"。

随之而来的，是他们对美国政府共同的质疑。表达这种质疑的方式之一，就是将经济学分析用于对立法委员和政府官员的行为分析上，进而证明他们和市场中的商家或者消费者没什么不同，同样关心自我利益。乔治·斯蒂格勒有个外号叫"微观先生"，相对应的是弗里德曼的"宏观先生"（这个称呼源于一个玩笑，是说微观经济学家斯蒂格勒的身高比他的宏观经济学家朋友足足高了一头），他的著作使经济学分析的重点从市场转向了华盛顿那些号称为公众利益服务的决策者身上。

质疑政府并不一定就是反国家，事实证明也确实如此。弗里德曼充满争议的职业生涯中，最具争议的时刻无疑是在1975年春天，当时，他前往智利为皮诺切特独裁政府提供咨询建议。作为一个有无政府主义倾向的人，他的这一行为往最轻了说也是虚伪。弗里德曼自我辩护说，他只是一个追求科学的人，并愿意把自己的所学分享给任何对此感兴趣的人。无论怎样，芝加哥学派对政府的抱怨并非是因为政府拥有过多的权力，照边沁的说法，是因为它们没有科学地运用这些权力。简而言之，决策者们需要更认真地倾听经济学家的声音，这一观点也揭示了芝加哥学派学者们身上最为明显的特征：发自内心地相信，经济学是一门研究人类行为的客观科学，可以泾渭分明地与所有道德和政治思想区分开来。

这一科学的根基是一个简单的心理学模型，可以沿着杰文斯一直追溯到边沁。据这一模型所言，人类总是理智地进行着利弊权衡，以追求自身利益的最大化。杰文斯用消费者的这种理性心理解释市场价格的变动，因为消费者总是在为自己的钞票寻求最大的效用（或者用更少的钱买到心理的满足）。芝加哥学派与众不同之处在于，他们将这一心理模型延伸到市场消费行为之外，将其应用于"所有的"人类行为。在芝加哥学派看来，关爱孩子、与朋友社交、结婚、设计福利项目、慈善捐献、服用禁药，等等，所有这些社会的、道德的、仪式化的或者不理智的行为都会经过理智计算，以期达到个人最大的心理满足。他们将这一心理模型称为"价格理论"，并且认为它是普世的。

没有人比盖瑞·贝克更好地运用了这一理念。如今，贝克因为创造了"人力资本"理论而为世人所知，他宣称，个人应该从技能教育的"投资"中获得相应的经济回报，这一理论推动了教育私有化并成为其理论支撑。更广泛地看，贝克的理论解决了成本收益分析中所有的道德和法律问题。个人滥用毒品上瘾？那是因为毒品价格明显过低，或者毒品给人的快感过高。商店中的小偷小摸越来越多？那是因为犯罪成本（以及被抓的风险）明显太低；或者也可以这样解释，就是与增加闭路电视监控系统和安保人员的成本投入相比，忍受小偷小摸带来的损失是更理性的选择。

信奉这一理论的经济学家们坚决否认他们是受意识形态驱动的。他们解释道，他们所有的努力都是为了厘清事实，让其免受道德和哲学的沉重束缚，而这些沉重的负担则重重压在他们在哈佛和麻省理工学院的自由派对手以及华盛顿的政客们的心头。行为主义创始人约翰·华生对这一理论的影响可谓经久不衰，行为主义者坚称，一个客观的观察者通过充分科学的观察研究，可以完全理解人类的全部行为。

芝加哥学派有一个令人望而生畏的"研讨会"制度，学者们的理论分析要在研讨会上的高压环境下接受检验。在传统的学术研讨会上，通常在场观众都是第一次听到演讲者的理论，所以也很难在第一时间提出什么尖锐的意见。但芝加哥学派的"研讨会"则完全不一样了。演讲者的论文会提前发给观众，满屋的学者同行像捕食者寻找猎物一样，试图发现演讲者逻辑中任何细小的漏洞，而演讲者只有很短的时间做准备，来回答观众的问题，为自己的理论辩护。曾经一个演讲者紧张地问斯蒂格勒："我该坐哪儿呢？"斯蒂格勒是那次研讨会的组织者，他冷脸挖苦道："按你这种情况，你应该坐到桌子底下。"

然而，如果"价格理论"的心理模型本身就是有瑕疵的呢？如果人们"不像"一个理智的消费者一样去计算自己个人的得失，尤其是在他们的个人、社会和政治生活中呢？如果经济学"不能够"完全解释人们选择某种行为模式的原因呢？在芝加哥学派研讨会的会场里，你绝对不会听到有人问这样的问题。所有激进的、怀疑论的、反哲学的实证主义体系中都有着某些不容置疑的主张。对芝加哥学派来说，这一金科玉律就是价格理论。从 20 世纪 30 年代瓦伊纳的演讲到现在大受欢迎的通俗经济学读物《魔鬼经济学》，价格理论就是这个声称不需要信仰的经济学派的最高信条。

用芝加哥的方式击败芝加哥

阿基米德灵感乍现激动地喊出"尤里卡！"的那一刻，就成了破天荒的一位英雄。我穷尽整个职业生涯，与一流的学者们为伍，但类似阿基米德这样突发灵感的情况只遇到过一次——还是作为一名观察者。

乔治·斯蒂格勒激动地述说着1960年的一次特别的研讨会，那次是在艾伦·迪雷克托位于海德公园的家中。斯蒂格勒永远也不会忘记那个夜晚，后来他还责备迪雷克托没有把当时的情景录下来。那次研讨会不仅成为他职业生涯的转折点，更成为整个芝加哥学派研究的转折点。也可以说，那也是新自由主义理论的转折点。

那天晚上他们讨论的是英国经济学家罗纳德·科斯（Ronald Coase）的论文，当时，科斯还在弗吉尼亚大学任教。科斯一直拒绝接受斯蒂格勒和其他人强加在他头顶的耀眼光环。通过不停探寻不同的经济制度是如何以及为何形成的这一问题的答案，他的职业生涯一直在默默地、系统地进步发展。他曾说，自己完全不明白为什么他的作品能够引起如此大的轰动。1991年接受诺贝尔奖时，他的致辞是"我所做的一切，很大程度上并非由我个人的选择决定"，这与弥漫在争强好胜的芝加哥学派中愤愤不平的失败主义情绪形成了鲜明对比。

但是，不论是巧合还是其他任何原因，这位来自伦敦基尔伯恩有着工人阶级出身的谦逊的经济学家，在海德公园争强好

胜的学者群体中，获得了类似于阿基米德的地位。在这个过程
中，他又提出了一个更新的、更为激进的理论来解释应该如何
管理资本主义，以及应该采取怎样的竞争形式。科斯的研究最
终成为一种政治化世界观的核心信条，他认为，不论一家资本
主义公司规模多大、实力多强，只要它还在以一种有"竞争力"
的模式运营，都不应该对其采取任何限制。

　　科斯从来没有被人称作"新自由主义者"，更别说是"保
守主义者"了。不过，20世纪30年代在伦敦政治经济学院求学时，
他曾师从弗里德里希·哈耶克和莱昂内尔·罗宾斯，这两位著
名的经济学家是创造新自由主义思想的关键人物。当时，罗宾
斯和哈耶克正试图通过强调竞争市场价格体系中所包含的独特
信息，来反击在大萧条时期发展壮大的凯恩斯和社会主义经济
理论。科斯从中汲取了营养。更重要的是，哈耶克质疑包括经
济学在内的任何社会科学洞悉社会的能力，这对科斯产生了潜
移默化的影响。

　　尽管从来没有拘泥于"价格理论"的基本原则，但凭着自
身强烈的质疑精神，科斯提出了更具自由主义倾向的、就连芝
加哥学派的同行们都从来没有严密考虑过的问题：市场能够带
来的收益到底是什么？如果是产生福利，那么有没有可能，在
一定的条件下，不同的组织，例如企业，可以在这方面做得更
好？弗里德曼以及同伴对政府干预的敌视态度，很大程度上是
建立在认为自由市场自身就是善的而且更为优越的前提之上的。
但矛盾的是，这一理念也让他们承认了某种形式的政府干预，

例如市场监管和竞争法，他们认为，这种干预可以让市场以正确的方式运行。

科斯的高明之处在于，他是在芝加哥学派内部形而上的思辨中发现了一种被人忽视的理论。一直到这个时候，芝加哥学派仍然认为，市场需要开放和竞争并按照某种公平原则运转，否则就会为垄断竞争所累。要想成为可以发挥个人自由的理想场所，市场就需要保证一些基本原则。这也就意味着，当竞争者不按公平原则行事，或变得过于强大时，市场仍然需要权威的干预，以保证市场不会"失灵"。

作为一个怀疑论者，科斯当然不接受这样的解释。现实中的经济生活从来不是如此简单。事实上，市场从来就不是"完全"竞争的，因此，"有效市场"和"失灵市场"之间非此即彼的差别根本就是经济学理论所制造的假象。科斯主张说，经济学家应该问的是，有没有确凿的证据可以表明，某项具体的监管干预措施可以让各方都获得好处。这里说的"各方"，并不单单指消费者和小企业，还包括被监管的一方。这一论点与边沁如出一辙。边沁认为，所有的政策都应该根据全体人类福利的调查数据来制定，而不是依赖"对"或"错"这样的价值判断。如果政府干预没有足够的数据支撑——通常这样的数据也很难搜集，那么监管者最好放手让经济自由发展。

科斯的论点最深远的影响之一在于，他认为，垄断远非经济学家们设想的那样可怕。与一个完全竞争、完全高效的市场相比，垄断是人们不愿看到的。但这种完美的状态被科斯轻蔑

地称为"黑板经济学"。如果经济学家们睁眼看看现实中真实
存在的资本主义，他们或许会发现，监管者们试图促进有效市
场的手段往往起到的都是反效果。同时，让企业根据自身需求
自主经营（使用私人契约或必要的补贴）反而会得到最好的结
果——或许不是完美的结果，但却是可能取得的最佳效果。经
济学的功能就是缜密地计算什么是应该做的，具体问题具体分
析，而不是去描绘一个完美的乌托邦。

　　科斯对于市场管制的质疑最早出现在 1959 年一篇关于电信
市场的论文中。这在当时造成了一定的影响。虽说芝加哥学派
对政府也不怎么感冒，但他们至少还认为市场需要一定程度的
干预，不然就会沦为大型公司攫取过高利润的工具。但另一反
面，芝加哥学派也对科斯富有批判性的推理和激进的结论产生
了共鸣。迪雷克托邀请这位英国经济学家发表一篇文章来为自
己的论点辩护，这篇论文后来以《社会成本问题》为题目发表，
并成为经济学历史上被引用最多的文章之一。

　　像鲨鱼闻到了血腥味一样，21 名芝加哥学派的领军人物赶
来参加了这次研讨会。所有人都提前读了科斯的论文，当晚会
议开始之前的一次投票结果是，所有 21 名学者都不同意科斯的
观点。按照古板的芝加哥学派研讨会流程，迪雷克托向大家介
绍了科斯，然后给他 5 分钟的时间来解释自己的观点，之后就
等着被各位学者用经济学逻辑批得体无完肤。通常当这些研讨
会到了后半段的时候，米尔顿·弗里德曼就开始主持大局。但
这一次却显得不同寻常，弗里德曼准则似乎失效了。乔治·斯

蒂格勒回忆说：

> 罗纳德并没有说服我们。但他拒绝向我们铺天盖地的质疑
> 屈服。米尔顿先从一个角度对他发起攻击，然后从另一个角度，
> 然后再换一个角度。之后，让我们恐惧的事情发生了，米尔顿
> 没有击中目标，却误伤到了我们。那晚结束后，投票结果改变了。
> 21票都支持罗纳德，没有一票反对。

用后来罗纳德一名学生的话说，"他用芝加哥的方式击败
了芝加哥"。科斯没有用意识形态的武器去攻击政府。同时，
他对不受约束的、人吃人的资本主义也没有特别的感情，这让
弗里德曼更加无话可说。

但是，他拥有强大的动力去质疑每一个关于经济治理的设想，
质疑每一个判断竞争是"好"还是"坏"的标准，并不断挑战决
策者，让他们能够清楚地知道好与坏之间的区别，这也是他身上
最让芝加哥学派无法抗拒的特质。通过对实现完全市场可能性的
质疑，他比弗里德曼和其他人更加怀疑政府的权威。判断某项干
预政策是不是必需的，依靠科学的经济分析就足够了。

对资本家的同情

斯蒂格勒相信，一个时代的理论模式在他眼前发生了变化。
支撑政府干预市场的理论基础就在亚伦·迪雷克托的客厅里灰
飞烟灭了。事实上，一直到20世纪60年代，就连"芝加哥学派"

本身都受制于某种形而上的道德假设，这种假设认为，在某些特定的情况下，政府干预是必需的，而另外一些情况则不需要。而科斯的理论(后来被斯蒂格勒称为"科斯定理")改变了这一切。科斯定理认为，没有证据表明干预措施可以自动改善竞争当事人之间自发产生的状况。

可惜，这并非完全出自科斯的本意。1960 年，科斯在迪雷克托家里为自己辩护的论文中讲的是，原则上，政府干预在任何情况下都不是必需的。原则上，竞争者之间的互相利用和剥削都不应该被认为是"坏的"。但同样，也不应该认为政府干预是一件坏事。科斯所主张的仅仅是对现有可用的数据进行强有力的经济学分析，从而取代"黑板经济学"中乌托邦式的幻想。想要在充满正确与错误之争以及各种观点冲突不断的大环境下保持权威，监管者需要做的是聘用那些只对事实感兴趣的经济学家。

斯蒂格勒和他的同事们对那种不偏不倚的说法没什么兴趣。他们现在所要做的是，对那些监管者和立法者展开猛烈的批判，这些监管者和立法者声称为了"公共利益"行事，实际上却在中饱私囊，只为自己谋福利（为监管者创造更多的就业机会）或是对成功的大企业愤愤不平。监管者和左翼自由派们所忽略的是，大型的、逐利的、垄断的企业同时也在提供福利。事实上，如果完全让他们放开手脚的话，谁知道他们能创造多少福利呢？

从日益发展壮大的芝加哥学派的观点来看，大型企业的规模使它们可以更加有效地运营，从而在总体上为社会和消费者创造更多的好处。他们富有侵略性的竞争行为并不妨碍自己创造福利，相反，正是这些行为本身创造了福利。让这些企业按自己的能力自由成长，看他们到底能发展到多大的规模，能具有多强的盈利能力。为什么要担心企业会变得"太大"？谁说他们不应该变得"更大"呢？到了60年代末，弗里德曼支持企业的理论变得更加直白。正如他1970年发表在《纽约时报杂志》上一篇著名的文章中所阐述的，一家企业唯一的道德责任就是赚到尽可能多的钱。

科斯在1960年的那个夜晚提出的问题更为纯粹和彻底：监管者们一直试图保护小企业免受大企业的欺凌，"但谁又来保护大企业的利益呢？"难道他们的利益就不应该被考虑在内么？另外，相比在不同的、低效率的小型企业之间苦苦选择，消费者选择同一家大型高效的垄断企业难道真的不会更好么（芝加哥学派后来试图解释这个问题）？如果"所有人"的福利都被考虑在内，包括富有侵略性的大型巨无霸企业，那么，监管究竟能带来什么收益就真的不得而知了。

将大企业放在国家的考虑范围内，功利主义就这样被改造了。20世纪60年代，沃尔玛、微软这样的巨无霸还不存在，但他们无论如何也想不出，有什么能比芝加哥学派在科斯理论基础上所创造出来的政策模板更加有利于他们这种大公司了。里根上台之后，这些理论就开始在华盛顿的监管部门和决策者之间迅速传播，到了20世纪90年代又传给了许多国际上的监管者。在不到十年的时间里，决策者们对盈利能力的看法发生了巨大转变，公司变得太大的警告指标，变成了现实公司运营管理保持"高竞争力"的标志。

这其中有一点与人们直觉设想的有很大不同：美国新自由主义者其实根本没有那么迷恋市场竞争。也就是说，如果我们把市场理解成一个人们从事交易并有一定的自主选择权的场所——比如，你可以想象一下亿贝（eBay），那么芝加哥学派很乐意看到这种交易选择权以及自由程度受到一定程度的限制，理由是，它能给所有人带来更大的好处。

斯蒂格勒、弗里德曼、迪雷克托以及他们的同事们真正欣赏的并不是市场，而是企业家和企业身上那种极力想要击败对手的竞争心理。他们并非想让市场成为一个人人都拥有均等机会的公平之地；他们希望市场是一个胜者享受所有荣耀、获得所有战利品的地方。在他们诉诸资本无限潜力的过程中，芝加哥的保守派们对增长逻辑的态度与反文化群体及人本主义心理学家类似。在盖瑞·贝克提出的"人力资本"这一理论指导下，公司策略与个人行为之间的区别已经消解，他们逐渐融为一体：每个人和每家公司都在玩一场胜者为王的游戏，有没有市场存在并没有那么重要。

这种赢者通吃的经济模式还算得上"竞争"么？或许，芝加哥学派这一设想源自他们自身争强好胜的文化基因。这些处于边缘地带的专家，带着"自卑和怨恨"，认为没有什么游戏是可以真正输掉的。弗里德曼的整个职业生涯中，有将近40年的时间是在单枪匹马地挑战凯恩斯理论的正统权威，一直到了20世纪70年代，他才被公认为获得了"胜利"。毫无疑问，科斯能给当时研讨会的主办者们留下深刻印象，一部分原因就是他敢于为自己相对少数派的观点辩护，并且压倒多数派。哈佛、麻省理工以及联邦政府的精英们有资格享受他们所统治的时代，但是从一开始，他们应该稍微严肃地对待芝加哥学派这个后起之秀。因为一旦新自由派尝到了一丝胜利的甜头之后，他们同样会奋力保住胜利的果实。对芝加哥学派来说，竞争不是要与对手共存，而是要彻底毁灭对方。不平等并不是什么道德上的非正义，而恰恰准确反映出了不同的人对待欲望和权力时的差异。

对于抱怨如今市场已经被巨无霸公司掌控的人来说，芝加哥学派传递出来的信息是残酷的：自己去开一家公司，让它成长为未来的巨无霸。你在犹豫什么？是不是欲望还不够强烈？难道你没有这种战斗精神么？如果是这样的话，那么有问题的是你，而不是这个社会。这也产生了一个问题，就是大多数不像米尔顿·弗里德曼或史蒂夫·乔布斯这样具有强烈的自我主义、富有攻击性和乐观精神的人，在这样一个新自由主义的社会里应该如何应对呢？为了对付他们这样的人，我们就需要另外一种科学。

抑郁的科学

1957 到 1958 年间，由于两位心理学家意外巧合的发现，个人"奋斗"和"成长"的能力成为科学关注的另一种焦点。这两位科学家是分别在美国和瑞士从事研究工作的罗纳德·库恩（Ronald Kuhn）和纳桑·克莱恩（Nathan Kline）。像历史上许多重大科学突破一样，现在已经没法完全弄清当初是谁首先取得的这项成绩，因为当时两个人都不清楚自己的研究会朝着哪个方向前进并取得什么样的结果。那时，精神药理学才刚刚起步：1952年，第一种可以有效治疗抑郁症的药物刚刚问世；安定药的"随机对照试验"也在1954年第一次获得成功（随机对照试验是指，在研究对象不知情的情况下，分别给两组患者提供真正的药物和安慰剂）。这些突破为精神病学家开创了一片全新的神经化学研究领域。

和发明这些抗焦虑抗抑郁药物的科学家们不同，克莱恩和库恩并不能百分百确定自己研究的药物能够治愈什么样的精神紊乱症状。克莱恩一开始在研究一种名为异烟酰异丙肼的药物，它最初是被用来治疗结核病的，而库恩则试图用丙咪嗪治疗精神错乱。如果他们一开始就非常清楚自己的研究方向，那么最后很可能一无所获。正是因为不确定自己的研究会有什么样的结果，他们才花费了极大的精力关注研究对象身上所有细微的变化。多亏了这一点，两位精神疾病专家最终才能在常见的症状之中获得革命性的发现。

这些药物看上去并没有什么可以被科学归类的特别效果。他们似乎也没能治愈或缓解任何特定的精神症状或障碍。鉴于20世纪50年代精神病学家的主要任务还是治疗精神病院和医院里的精神病患者，他们也不清楚这些药物是不是能够起到什么特别的功效。因此，医药公司一开始对他们的发现并没有什么兴趣。这些药物也仅仅只是可能会让患者自我感觉更好一些，帮助他们重塑对生活的信心。

在这些药物的帮助下，人们"感觉更好了一些"，这种感觉无法用具体的医学或精神病学的手段来衡量，更多的只是人们对成就和希望的憧憬更加强烈了。根据库恩的观察，他的新药物有种"抗抑郁效果"。这一了不起的发现后来成为全社会的共识，在那之后，人们可以从神经化学的角度来看待悲伤和沮丧以及与之相反的情绪了。

精神病学家曾一度困惑于该如何称呼这种药物。克莱恩提出将自己的药物命名为"精神兴奋剂"，如今，这依然是许多以"抗抑郁"之名销售的药物的贴切描述，不过，这些药物如今被用来治疗从进食障碍到早泄等各类症状。这些药物的药理非常复杂，但正是这种药效——这种"选择性"——从此成为试图用神经化学药品重塑和改造自我的患者们最大的福音。和巴比妥类药物不同，这种新药不会改变人的身体代谢，也不会对整体的心理活动产生影响。它们只会对患者沮丧的、被打击的部分产生作用，但不会影响身体或心理的其他部分。这不仅仅是发明了一种新药，还改变了人们对人格的认识。

在库恩和克莱恩成功实验新药之后的数十年时间里，抗抑郁药由于这种选择性和非特定性名声大噪。选择性血清素再摄取抑制剂的预想效果就是要准确找到需要修复的部分，并为其注入全新的能量。自 1988 年百忧解面世以来，研究者探索选择性血清素再摄取抑制剂类药物潜能的热情达到了空前的高度。包括彼得·克雷默在内的许多精神病学家宣称，百忧解不仅能振奋人的精神，还能帮人更好地认识自我。在这个过程中，疾病的概念——更别提悲伤了——已经被改变了。

库恩和克莱恩发明的新药在 25 年后才获得市场的广泛认可；一开始它们确实是被作为抗抑郁症药物来进行市场宣传的。但从文化的角度来看，他们的发现又是非常及时的。在那之前，精神病学家和心理学家对幸福感或积极的精神状态这一概念完全没有兴趣。精神分析的影响在于心理学的问题被当作神经官能症来看待，也就是说，是一个人与自我认知以及自我历史之间的冲突。抑郁症过去被当作一种精神障碍，严重的话可以用电击疗法来治疗，但却鲜被精神病学家关注，更别说药剂学家了。弗洛伊德所说的"忧郁症"——也就是缺乏接受失落的能力——仍然影响着绝大多数精神病学家对于长期郁郁寡欢症状的理解。

但是，在面对蔓延开来的抑郁症时，这些心理分析的理论就相对没有什么作用了，因为需要解决的是一种更为泛化的欲望和能力的缺失。正因为如此，随着 20 世纪 60 年代接近尾声，精神病学家和精神分析学家受到越来越多的质疑和挑战，也迫使他们开始反省自己的理论训练中某些核心的部分。被抑郁困扰的人谈论的不再是羞耻或压抑的情感，而仅仅是关于自我的脆弱和不足。如果说有什么不同的话，那就是，是欲望的"缺失"，而不是现实的瓶颈在折磨着他们。诚然，制药公司也乐于放弃传统的心理分析理论，就像制药公司——默克公司在 1961 年所声明的一样。当时，这家公司刚刚赢得了一场争夺抗抑郁药阿米替林专利权的官司，他们随即向全美国的医生们派发了5万本弗兰克·艾德略特的《认识抑郁症患者》。但这些药物与更为广泛的文化和道德转型紧密联系在了一起。

在20世纪50年代末，怎样提高总体的活力和积极性成为心理学家需要面对的一个全新问题。但这个问题本身正慢慢成为一个全新的与众不同的研究领域，研究人员通过发放一些新的调查问卷和开展新的调查心理评估将不同样本之间的积极性状况进行对比。1958年发表了《朱拉德自我表露问卷》，1961年发表了《贝克抑郁量表》，其作者亚伦·贝克是认知行为疗法之父。20世纪50年代，美国进行的精神健康调查在一定程度上是为了评估参战老兵的精神状态，调查结果发现，广泛性抑郁症要比精神病学家想象中的严重得多。不论有没有心理分析学的材料支持这一评估结果，这一心理缺陷都成为一种广泛的风险，似乎随时随地可以对任何人产生负面影响。

到了20世纪60年代末，心理学家对抑郁症展开了更深入的研究，也不再假定这种心理问题必然伴随着神经官能症。马丁·塞利格曼在关于"习得性无助感"的实验中对一条狗持续电击，狗逐渐地放弃了抵抗，这一实验可能有助于人们更加清晰地认识抑郁症。这项实验撒下了积极心理学的种子，这一学派致力于通过系统化的手段"抵消"无助感，塞利格曼是其中的代表人物。

内科医师或精神病医师本需要详细诊断病人的问题，而这种本身具有"定向性"的药物立马减轻了他们的负担。因此，也就不需要针对某种特定症状才能开出这一药方，就好像是说，"试一下这个药，看看能不能缓解那些困扰你的症状"。痛苦本身——而不是某种特定的临床表现或症状——成了要解决的问题。20世纪60年代早期，这被视为是对精神病学家和医生的冒犯，因为他们的职业要求就是对病人的病理做出准确判断，并提出确切的治疗方案。这种因心理能力全面崩溃而引起一种或多种不确定症状的说法，是对医学或心理医学核心的挑战。

在抗抑郁药被发明之后的半个多世纪时间里，人们一直不清楚它为何有效，其中的原理又是什么，只是知道它确实有效。当然，也不会有人能弄清楚这件事，因为对不同的病人来说，选择性血清素再摄取抑制剂类药物起作用的表现是不一样的。为了弄清楚这类药物如何改变我们对幸福的理解、如何重置我们大脑的神经元，人们投入了大量的精力。这类药物彻底改变了医学诊断的概念以及医学和精神病学权威的本质。

在一个以提高个人满意度和成就感——"自我定位奋斗"——为首要目标的社会，当要照料和呵护精神上的愉悦和痛苦时，就需要重新理解权威的本质了。权威要么自己变得更加与时俱进、更加反文化和相对主义，并接受这个领域没有明确的真相这一事实；要么掌握一门新的科学技术，一种更有数学依据且更为客观、功能在于"构建"分类法、诊断分析、等级排序的技术，以适应政府、经理人和风险预测专家的需求，不然的话，他们的工作将无法完成。

重建精神病学权威

在被美国经济学和政策正统学派放逐多年后，芝加哥学派最终从这种处境中受益。它经历了一个漫长的孕育期，在这期间，另类的创意和政策日渐成熟，并做好充分准备取代处于危机中的正统权威。这场危机从 1968 年就开始酝酿了，那时，美国的生产力开始下降，政府财政也陷入了越南战争的泥潭。自 1972 年起，危机就不断加剧，油价不断上涨，第二次世界大战后确立的世界货币体系也已土崩瓦解。

在几乎相同的时间节点，美国的精神病学研究也经历了一场危机。1968 年，美国精神医学学会发表了第二版协会手册——《精神疾病诊断与统计手册》。和之后的版本相比，这本册子一开始并没有引起什么争论。书里都是诸如如何辨别一种临床表现属于何种病症之类的无趣问题，就连精神病学家对它都没有什么兴趣。但仅仅不到五年的时间，这本书就成为了一场政治争论的核心，这场争论几乎毁掉了美国精神医学学会。

第二版手册的问题之一在于，它似乎没有达到自己的预期目标。毕竟，如果不能对神经病医师和精神健康专家的工作起到实际的指导和约束作用，那么，一本官方认证的诊断分类列表又有什么用处呢？在第二版手册发行的同一年，世界卫生组织发表的一项研究表明，即使是严重的精神障碍，例如精神分裂症，在全世界不同地方的确诊率都有着巨大的差别。在各种理论的影响下，精神病学医师似乎有着很大的自由裁量权，根据外在表现的症状来诊断，而且严格来说缺乏科学检验手段。他们共用同样的术语，但缺乏相对严格的准则作为约束和指导。

这一被称作"反精神医学"的运动中有一部分人将整个精神病学视作一个旨在控制社会的政治工程。但也有另一部分人，例如托马斯·萨兹，认为精神医学的主要问题在于无法科学地验证自己的主张。在1973年进行的一次著名实验中，19名"假扮的病人"通过谎称自己总是幻听有人在说"空洞""空虚"以及撞击声，而被当作真正的病人接受了心理治疗。这个实验后来被以《论在疯狂的世界保持清醒》为题发表在《科学》杂志上，从而进一步给反精神医学运动火上浇油。

最富争议的是，第二版手册将同性恋也列为精神障碍的一种，从而激发了强烈抗议，自1970年开始，遭到反精神医学运动代言人支持下的抵制。相对来说，美国精神医学学会对诊断的科学可靠性并不太关注，因为很少有成员一开始就把这个问题视为重要事项。但是，同性恋归类问题引起的政治风波就难以忽视了。如果说关于诊断可靠性的标准还是业内争论的话，那么，手册中把同性恋归类为精神障碍就把问题激化成一个社会事件了。

就在芝加哥学派静静期待20世纪70年代的经济政策危机能够慢慢过去的时候，有一小支精神病学派却幸运地在横扫美国精神医学学会的洪流中逃过一劫。这个大本营位于圣路易斯市华盛顿大学的小团体，一直以来都脱离于美国精神

病学精神分析学派的圈子之外。他们的理论根源更多地来自
瑞士精神病学家埃米尔·克雷佩林,而不是弗洛伊德(或者
是阿道夫·迈耶,他对弗洛伊德理论的传承和改造在 20 世纪
五六十年代主导了美国精神医学学会的理论风向)。他们将
精神病学的症状分类当作头等大事。精神疾病和生理疾病被
等同视之,他们认为,精神疾病是由于身体机能——确切地说,
是大脑——出了问题,需要用科学的方法来观察治疗,而不
应该有社会学层面的解读。

整个 20 世纪 50 年代和 60 年代,以伊莱·罗宾斯、萨穆埃
尔·古泽和乔治·维诺克为领军人物的圣路易斯团体只能在自
己这个小小的学术和社交圈中自娱自乐。他们向美国国家心理
卫生研究所提出的资金申请不断被拒绝,因为研究所更愿意资
助传统的迈耶学派的研究,后者更关注精神疾病与社会环境之
间的关系。圣路易斯学派成了传统学术圈的弃儿,只能与欧洲
的同情者们互相交流,或者在自己的小圈子中自娱自乐,他们
依然是美国精神病学的边缘人物。

对这些"新克雷佩林派"来说,精神病学的科学地位应该
依赖于诊断的可靠性:也就是说,两个不同的精神病学医师在
面对相同的临床症状时,在各自独立判断的情况下应该能得到
相同的诊断结论。与是否能够准确给定这种病症的名称相比,
这位精神病学医师是否真的理解病人的症状、症状的原因以及
病症的缓解及治愈手段反而是次要的了。按照这种科学标准,
精神病学医师的任务就仅仅是通过观察询问来归类确诊,而不

是去说明和解释。在这一理论主张下，精神病学的道德和政治使命就大打折扣了，而精神病学的乌托邦传统更强调其治愈人类文明的伟大天职。如此一来，精神病学就变成了一整套将病症归类的工具。对于 20 世纪 60 年代的许多精神病学家来说，这无疑是一种陈腐的成见。不过，这一状况很快就会改变。

虽然被主流精神病学排挤在外，圣路易斯学派并非当时主张更可靠的临床诊断的唯一声音。健康保险公司警觉地发现，精神健康问题正在持续飙升，从 1952 年到 1967 年间翻了一番。与此同时，由于一项里程碑式的政府法规，制药行业也开始明显地收紧精神病学的临床药物应用。从商业角度看，在与症状相关的疾病名称方面达成共识变得日益迫切。

1962 年，田纳西州参议员埃斯蒂斯·基福弗和阿肯色州众议员奥伦·哈里斯提出了一项针对 1938 年《联邦食品、药品、化妆品法案》的修正案，目的在于严格收紧药物批准上市的相关政策法规。这是对萨力多安（一种镇静剂）悲剧的直接回应，由于医生将这种药物开给病人用来治疗孕妇晨吐，导致 1960 到 1962 年间全世界大约一万名婴儿先天畸形。而在美国，一名谨慎的美国食品和药品管理局官员认为这种药物没有经过严格测试，因此没有批准其在国内上市，从而使美国避免遭受过大影响，这名官员后来也被看作一名英雄。

基福弗－哈里斯修正案的一个重要方面就是要求制药公司在药物的市场宣传中明确标示该药物针对的症状表现。这也再次明确精神病学的诊断分类势在必行——尽管这次是从商业的角度出发。例如，如果一种药物仅仅说有"抗抑郁"的功效，那就达不到基福弗－哈里斯修正案的要求。它对适应症必须有更加清晰的描述——在这种情况下，需要将适应症明确表述为"抑郁症"。就像英国精神病学家大卫·希利所说，在推动现代理念承认抑郁症是一种疾病的过程中，这个法案的修正案无疑起到了关键性作用。多亏了基福弗和哈里斯，我们得以相信我们可以用一种标准清楚地将"抑郁症"和它的诸多变体区分开来——在这一标准下，所有症状都可以找到相对应的药物。

到了 1973 年，美国精神医学学会面临着宣传伪科学、恐同以及散播 20 世纪 50 年代的落后道德标准等指控。同样关键的是，他们还被大药厂视作长期盈利的重大威胁。文化和商业两股力量同时开始针对这门科学，并质疑精神病学科存在的核心目的。最终，圣路易斯学派在这场危机中成为精神病学的救星，他们这种严格的、反理论的诊断方法很快从学究式的边缘理论发展成了新的正统。但是，他们还需要美国精神医学学会内部一位专断的高层人士来最终完成这次一百八十度的大转变。

罗伯特·斯皮策（Robert Spitzer）拥有传统的精神病学研究背景，1966 年加入纽约州立精神疾病研究所。60 年代末期，在哥伦比亚大学的餐厅里，他偶然遇到了第二版手册的作者们，但却多少有点反感这些同行们宣扬的精神分析理论。斯皮策是一个喜欢对抗的人。他出生在纽约的一个犹太共产主义者家庭，从小就与自己的父亲展开了漫长的政治和文化对抗。如今，他被公认为是美国 20 世纪后期最有影响力的精神病学家。这既是因为他的思想和理论，也是因为他身上的奋斗热情和丰富想象力。斯皮策所拥有的正好也是专业组织所欠缺的，那就是敢于彻底转变的勇气。

在 20 世纪 60 年代晚期，斯皮策开始对诊断分类越来越感兴趣，他认为，这是一个可以改变行业现状的领域。但他在美国精神医学学会内部还处于边缘地位，直到他被委以化解同性恋问题争议的重任。为了完成这个任务，他在学会内部开展了一场轰轰烈烈的运动，为同性恋的表现特征取了另外一个名字——"性取向障碍"，也就强调了相关对象必须为此感到"痛苦"才能被诊断为性取向障碍。这中间有着细微却显著的区别：斯皮策的主张意味着，精神病学的永恒使命是缓解痛苦，而不是执意追求所谓的"常态"。1973 在，他在这个问题上与学会的高层正面对峙，并取得了胜利。在斯皮策的倡导下，"正常性取向"这一问题被一种可分类的痛苦指数取代，这意味着精神疾病的性质发生了广泛的变化。

第二年，斯皮策又接到了一个政治挑战：解决美国精神医学学会的诊断可靠性。第二版手册看起来已经过时，迫切需要重写，以适应世界卫生组织自身不断变化的诊断标准。斯皮策被任命为精神疾病诊断与统计专题小组的负责人，并被授予了明确的任务，那就是，解决十年来围绕着诊断可靠性产生的种种问题。十分关键的是，他对专题小组有足够的控制权。他亲自挑选了 8 名成员，这些人都有明确的意愿要与医学学会现有的理论原则划清界限，并直接用出自圣路易斯学派的一套方法论来取而代之。

8人小组中的4人来自圣路易斯，斯皮策称与他们"志同道合"。另外4人被认为对斯皮策即将发起的"政变"持绝对赞成的态度。在任命斯皮策这件事上，美国精神医学学会——肯定也包括健康保险行业——曾希望可以通过更严格的诊断分类法，在总体程度上降低精神疾病的确诊率。他们认为，多一些更加苛刻的附加条件肯定会让那些表现症状更难确诊。但他们没有想到的是，专题小组对分类方法进行了全面彻底、详尽无遗的总结，导致被承认的精神疾病的种类爆发性地增加了许多倍。

所有已知的精神病学症状都被详细记录，同时附上了相应的诊断结果。执行这项任务时，他们大量借鉴了圣路易斯学派发表于1972年的一篇诊断分类学论文，并在其中加入了新的分类法和标准。斯皮策坐在曼哈顿西168街的办公室，在打字机上尽情敲打着最新的研究成果，并不时地督促着专题小组的同事们，他们像背诵一份长长的购物清单一样复述着各种症状和相对应的诊断结果，此刻的他显得镇定自若。传言说他曾经开玩笑地说："从来没有我不喜欢的诊断结果。"一份全新的精神和行为病学术语词典被编纂了出来。

相对不快乐

1978年，斯皮策及其专题小组的研究成果成了第三版手册的蓝本，这一文件大概是美国精神病学历史上最具革命性也最富争议性的一项研究成果。1979 年，研究成果完稿并最终发表，与 1968 年推出的前一版相比，新版可谓大相径庭。第二版手册用 134 页的篇幅列举了 180 类精神症状，而第三版手册则用 597 页的篇幅列举了 292 种症状。之前，圣路易斯学派的诊断方法中明确指出——虽说缺乏事实根据，在确诊之前，患者的症状至少要持续一个月以上。在第三版手册中，虽然未做任何详细说明，症状的持续时间被从一个月减到了两个礼拜。

自此以后，精神疾病成为一种靠观察和分类就能确定的病症，不需要任何关于其起因的解释。对人类内心深处隐藏的冲突的精神病学探究，被一种冷静的、客观的、科学的诊断手册所替代。精神疾病的症状是否有可能是对一系列外部环境可理解的、恰当的反应？在探究这一可能性时，精神病学失去了从社会和经济组织的细节中发现问题根源的能力。支持者们将这种新的状态命名为"理论中立"。而批评者们认为，它抛弃了精神病学更深层次的治愈、聆听和理解的神圣天职。甚至专题小组的成员之一亨利·品斯克（它不是来自圣路易斯）也开始打退堂鼓了："我认为，我们现在所说的精神障碍其实就是一些外在的症状。"

第三版手册之所以掉转风向，是因为美国精神医学学会发现自己站在了太多文化和政治观点的对立面。精神病学家追求的那些真相不可能在 1968 年的大危机以及之后的余震中幸存：因为这些真相过于形而上，政治意味太浓且太难被证实。但这却反映出幸福及其对立面在精神健康学界、医师、制药公司和社会个体中的关注度有多高。为了达到目的，就必须绕过主流的精神病学理论。1982 年发生了一起标志性的法律案件，在这起案子里，一位精神病学医师被告上法庭，最终的判决结果是，他只能向一名抑郁症病人开具长期心理动力学疗法的处方，而不是抗抑郁药物，这也宣告了一种新常态的到来。今天，美国 80% 的抗抑郁药是由医师和初级保健医生——而不是心理医生——开具的。

在 20 世纪 60 年代之后"自我定位奋斗"的年代里，除了对幸福的渴望以外，人们还能有什么共同的追求呢？一个心理学专家的最高追求，除了减少痛苦以外，还能是什么呢？这些简单且看上去无可争议的原则就是 1968 年文化和政治的冲突达到顶峰之后的产物。越来越多的人受到抑郁症的困扰，具体表现为无缘无故的身心乏力和精神萎靡，加上此时一种似乎专门针对这种症状的药物的出现，以及制药公司、监管者和健康保险公司澄清事实的需求，注定了心理分析理论的没落。

在这一全新的政治文化图景之下，需要一系列新的技术、标准和度量来准确记录正面和负面的情绪。亚伦·贝克凭借他于 1961 年发表的《贝克抑郁量表》，远远领先于他所处的时代。在身体病痛方面有着重大影响力的《麦吉尔疼痛问卷表》也在 1971 年问世。后来，在 20 世纪 80 年代和 90 年代，陆续又有许多不同的问卷和量表，都是为了准确辨别并将抑郁症的程度量化，例如《医院焦虑抑郁量表》（1983）和《抑郁 – 焦虑 – 压力量表》（1995）。随着积极心理学这门旨在降低抑郁症"患病风险"的学科的影响力不断增加，关于"积极影响"和"健康成长"的量表也被加了进来。每一个新工具和新研究的发表，都进一步彰显了这种仅依靠科学标准来理解他人感受的边沁式雄心。其中所隐含的是我们熟悉的一元论愿景，希望不同形式的悲伤、忧虑、挫折、神经衰弱和痛苦可以用一个简单的量表来衡量，从最低到最高依次标上量级。

调整后的手册及各种新研究出来的量表，清晰地表明了什么样的症状以及到了怎样的程度可以被归类为抑郁症。现在，如果有足够多的症状——包括失眠、食欲不振、性冷淡等——同时出现且持续两周以上，就可以被称作"抑郁症"。但抑郁意味着什么，或者是什么引起了抑郁，对于许多继承了斯皮策和圣路易斯学派衣钵的新心理学术团体来说，这些问题已经不再是他们关注的对象了。在新诊断模式当道的年代，那些受苦的人仍在发声，只是他们已经被严格的问卷和指数死死地限制住了。现在，神经科学甚至可能会让精神病学摆脱这些本已受到严格限制的问题和答案。

大约三分之一的人在人生某段时间内都会到这一病症的困扰，它也无时无刻不在折磨着8%的美国和欧洲成年人，那么，这种病症到底是什么？通常人们会说，抑郁症就是一个人构建可行的未来生活。而当人们遭遇这种现代的新型抑郁症时，他们不单无法体会到愉悦和幸福，更为痛苦的是，他们也失去了追求愉悦和幸福的欲望或能力。并不是说他们本身变得不快乐，而是他们失去了追求快乐的精神动力——这通常也伴随着身体力量的丧失。在成为掌控自己生活方式和价值的主人的过程中，他们发现自己没有能力去完成这项艰巨的任务。

只要是在一个以广泛的、个人的成长为最高目标的社会，广泛的、个人的精神崩溃就会成为一件不可避免的事情。同样，一种只认可乐观主义的文化也会伴生消极主义的病症；一种建立在竞争基础上的经济会让失败成为一种疾病。一旦边沁式的心理强化丧失了应有的边界，只是让人一味地追求更多，就会产生令人不安的后果，功利化的标准可以促进正面作用，同样也可以恶化负面作用。

竞争性抑郁

"说做就做""渴望无限"，这分别是耐克和麦当劳的广告标语。类似这样的口号成为 20 世纪 60 年代之后新自由主义时代的金科玉律。这是一个反对道德权威的社会最后一条至高无上的道德准则。正如斯拉沃热·齐泽克所说，与遵守规则相比，享受成了人们更重要的义务。由于芝加哥学派对政府监管者的重要影响，企业的盈利能力也面临着相同的境遇。

在整个新自由主义时代，精神力量最大化和企业利润最大化之间的关联变得越来越明显、越来越直白。其中一部分原因是企业势力对美国精神医学学会的渗透。据报道，在第四版手册于 2013 年完成出版之前，美国精神医学学会所需的 5000 万美元预算有一半是来自制药公司，而决定诊断标准的 11 名委员会成员中有 8 人与制药公司有着千丝万缕的联系。现在，我们用来表述自我与自身精神折磨的标准已被药业巨头的经济利益所左右。

在对抑郁症的神经化学解释中还有为数不多的保留条款，其中之一就是，承受丧亲之痛的人是免责的：至少在这种情况下，你的痛苦不会被看作不健康。但是，在一种名为安非他酮的新药面前，这个免责条款也失效了。这种药物承诺可以缓解"失去心爱的人之后短期的严重抑郁症状"，美国精神医学学会则顺水推舟，在第四版手册中取消了这个免责条款。如今，在丧亲之后持续痛苦超过两个礼拜，就可以被诊断为医学疾患。现在，精神病学家从隐含的健康"风险"这个角度来研究丧亲这一重大变故，而不从心理分析或常识的角度来看"为什么"这种变故会给人带来重大的痛苦。

在一个依靠工作场合饱满的热情和购物商场里旺盛的欲望来支撑的经济社会中，企业也越来越多地注意到抑郁给经济带来的拖累。找到帮人们摆脱这一病症的方法，或者找到降低这种疾病发病风险的预防手段——例如，通过定制的饮食方案、体育锻炼，甚至是对儿童进行早期的脑部扫描来评估相关风险——被视作挽救企业盈利能力的必要措施。包括巴克莱银行在内的多家英国企业赞助了一项研究，最后的研究报告冷冰冰地指出："如今以脑力劳动为基础的经济中，心智能力显得尤为重要，这种认知能力是生产效率和创新能力的保证。但是，抑郁症却对这种重要的能力造成了巨大威胁。"

边沁深受其所处年代的社会精神解放思想的影响，其表现之一就是，他认为，衡量幸福感并将其最大化是一项集体事业。

按照这种原则，限制一个人的幸福是有正当理由的，那就是为了保障另外一个人的利益。不可否认的是，在这方面他所诉诸的主要手段就是惩罚：监狱的存在是为了保证监狱以外的人的利益。但不论如何，功利主义的考量依然是涵盖了所有成员的。从经济政策的角度来看，如果贫困可以非常明确地给人带来痛苦，那么，把富人的钱分给穷人就是正当的。

新自由主义时代竞争性抑郁症产生的原因，是对获得更高功利目标的苛求——不论是以金钱或者是以身体指标来衡量——都变得私人化了。非常富有、极度成功、十分健康的企业或个人，能够也"应该"获得更多。在芝加哥学派或圣路易学派的精神病学理论中，我们对弱者有着天然的政治或道德上的责任，为了保护弱者就要限制强者这一逻辑在新的理论面前破产了。权威仅仅在于毫无偏好地对两者进行量度、排序、比较和对比，向弱者展示他们能够有多强，向强者确认他们处于绝对的优势，至少目前确实如此。

新自由主义监管者和评估者们的技术统治论中隐藏的是一种残酷的政治哲学。这种哲学将大部分人定位在一种失败者的地位，人们只能寄望于对未来的一点模糊的憧憬。伦敦那个只允许每个孩子赢一个奖项，害怕某个孩子赢得过多会让其他孩子显得逊人一筹的学校，实际上是保护我们免受竞争性抑郁症困扰的方法之一，只是在 1977 年的时候，还没有什么人能够意识到这一点。但是那样的话就会要求有一种新的资本主义，而当今的决策者们还没有做好相应的准备。

第六章　社会优化

想象一下，当你走进一家咖啡店，点上一杯卡布奇诺，然而出乎意料的是，服务员告诉你已经有人帮你把钱付了。这听起来是一次不错的经历，甚至让你觉得咖啡好像比平时更好喝了。这个意料之外的礼物是从哪里来的呢？结果发现这是上一位顾客留下的。于是现在唯一的问题——如果说算得上是问题的话——就是你也必须为下一位顾客做同样的事情了。

这就是被称作"传递助人"的定价策略。加州许多小企业——例如伯克利的幸运厨房——已经在使用这种定价机制了，有时顾客还会主动提出使用这种方法。表面上看，这种方法破坏了自由市场的经济逻辑。毕竟，就像威廉·斯坦利·杰文斯和新古典主义经济学家所主张的那样，价格机制的基本前提就是人会用钱来换取个人的愉悦感。付给店主的钱就是为获得个人满足感而付出的代价。毫无疑问，市场是一个允许——甚至是期望我们自私行事的地方。"传递助人"这种带有嬉皮风格的理想主义行为方式，看起来确实违背了经济学计算的核心原则。

但它所带来的影响不止于此。加州大学伯克利分校决策科学研究小组的研究员对"传递助人"这种定价机制展开了密切深入的研究，发现了其中蕴含的关于市场和生意如何运作的重大原理。结果证明，与传统的定价模式相比，在"传递助人"定价机制下，消费者愿意付更多的钱。即使参与调查的人完全是陌生人，结果也是一样的。按照这项研究的领军人物米娜·荣格的话说，"人们不想让自己看起来太小气。他们想要公平行事，但是他们也要融入社会规则。"和经济学家们一直以来预料的相反，很多时候，利他主义对我们决策的影响要大于精心计算。如果个人可以被诱使进入互惠关系中，放弃自私算计，那么，对他们施加影响的能力也就大得多了。正如荣格的研究所示，让他们掏出更多钱的机会也会更多。

对工作场所的调查研究也得出了类似的结论。大家都很熟悉"绩效工资"，这是一种比较公平的方式，让付出了额外劳动的员工能够得到与自己的付出相匹配的回报。但是，哈佛商学院的研究者们所做的研究发现，有一种更有效的方法可以让员工更加努力地工作：将加薪当作一件"礼物"。如果把钱当作是额外工作的回报，员工就会下意识地将这些额外报酬当作自己应得的，然后继续像以前那样做事。但是，如果雇主做出一些无偿的利他主义行为，那么雇员就会进入一种更具约束力的互惠关系，从而更加努力地工作。

这些研究结果就是典型的"行为经济学"领域的内容，这一学派产生自20世纪70年代末，是自19世纪心理学和经济学割裂开来之后又重新结合的产物。和常规经济学一样，行为经济学家也认为，个人通常有将个人利益最大化的动机——但并不总是这样。在特定的情境下，他们还是一种社会和道德动物。他们会随大流，会遵循某些经验法则——即使某种行为看起来会损害他们的经济利益。但他们也有一些自己的原则，并且不会为了金钱而牺牲这些原则。许多被广泛宣传的政策措施就来源于此，这些政策被称为"助推"。

例如，如果一些人不断地在邻里间制造麻烦，我们该如何对付他们呢？杰雷米·边沁会认为答案是给他们一些处罚：只有当这种行为会造成痛苦时，才会变得不受欢迎。按照同一种逻辑，另外一种答案是付钱让他们表现好一些。但其实还有第三种办法可以选择——边沁可能会对此嗤之以鼻，如果让他们签一份保证书，保证将来会好好表现呢？出乎人们意料的是，通常这是最有效的一种策略。做出一份明确的道德保证——即使是被迫的——似乎可以让人处于某种约束之下，而这通常是功利主义的处罚和激励机制无法做到的。

这似乎破坏了愤世嫉俗的、理性算计的、个人主义的人类心理学的理论根基，而这种理论正是边沁主义和正统经济学的理论核心。事实证明，人类的行为除了受到自身利益的驱动以外，也同样受到道德准则的影响。长久以来，我们一直担忧市场冷酷的理性会掌控我们的心理，或许这有些杞人忧天了。是因为我们毕竟还是一种体面的社会动物吗？大量神经系统科学方面的证据表明，同情和互惠心理深深"烙印"在我们的大脑中，从而肯定了上面的观点。或许这会成为一种新的政治希望的基础，在这一理想社会里，分享和馈赠可以强有力地对抗对金钱以及个人化的追求。

但依然有更让人担忧的一种可能：那就是对个人主义和金钱追求的批评，已经成为功利主义政策和管理者的常规武器了。资本主义的历史中充斥着浪漫主义者、马克思主义者、人类学家、社会学家以及文化评论家对其泯灭人性、是非不分的拜金世界、市场、消费与劳动的批评。这些批评长久以来的主题就是，人与人之间最根本的是社会关系，而不是市场价格决定的联系。行为经济学的成就就是秉承了这一观点，然后将其与权力的利益结合成为新的工具。这也就抓住了"社会"的精髓。

1917年，约翰·布罗德斯·华生曾经预言说，在一个行为科学主导的时代，"教育家、医生、法官和商人可以切实地运用我们的数据，只要我们能够通过实验获得这些数据"。行为经济学已经验证了这一预言。其中最为重要的洞见之一就是，如果一个人想要控制别人，通过唤起对方的道德感和社会认同感，要远比强调他们的个人利益有效得多。在行为科学的理论范畴里，诸如"公平""馈赠"这些原本纯粹的心理学和神经病学概念，成了一种控制社会的工具。

从一个更加犬儒的角度来看，就像行为经济学家们自己所做的一样，诸如"传递助人"这样的活动及管理者随机的慷慨馈赠行为是一种有害的行为，而这一点之前从未被明确地讨论过。在抛弃了纯粹以个人利益为核心的心理学理论之后，新的理论转而变得更具攻击性也更加狭隘，也就是所谓的以债权债务为核心的心理学理论。关于社会义务的心理学解释第一次被炮制出来，然后被赋予了某种尚不为人知的目的。如果功利主义的核心政治逻辑是认为每一种制度都需要用最终的结果来衡量，那么，这种将我们的基本道德感包含其中的延伸则一定程度上代表了这种逻辑的胜利。

拜金的"社交"

慷慨已经成了一笔大生意。2009 年，《连线》杂志前主编克里斯·安德森出版了《免费：商业的未来》一书。高喊这一战斗口号，安德森认为，已经有足够的商业理由支持企业免费提供产品和服务，以便与顾客结成更好的关系。当然，这种田园式的馈赠理想并不是要直接送钱。免费馈赠物品成为吸引观众注意或者赚取名声的一种方式，这样就可以在未来利用这种关系做广告宣传或者销售产品，这时候就可以赚取利润了。瑞安航空是爱尔兰一家饱受争议的廉价航空公司，公司老板麦克·奥利瑞甚至曾经暗示过可以把机票价格定为零，同时通过对托运行李、使用洗手间、插队等服务收取额外的费用来弥补成本。

当说到自由市场时，所有企业都会面对一个两难境地。他们尽可能多地寻求市场赋予并保障他们既得利益的自由，而尽可能少地顾及别人的利益。这其中的诀窍就是，让股东和管理层保留最大程度的自主权，而让员工和客户付出最大限度的忠诚。安德森所强调的仅仅是非金钱关系在帮助建立更紧密联系上的巨大潜力，而这种联系可以用来获取利润。换句话说，一家企业最不愿意让客户或者他们更加重视的员工感到他们是处在一个可以自由选择的市场之中。免费赠品就是掩饰这种交易关系的有效手段。

就像企业的赠品可以被当作增加销量的手段一样，词汇的选择也能起到同样的作用。如今，营销专家们都在研究怎样跟顾客说"谢谢"才最有利于在未来与对方形成更亲密的"社交关系"。就像一名专家解释线上销售的好处时所说的：

感谢页面远不止在网络虚拟不动产上打上"感谢"字样和订单号码那样简单。这些页面是优化交换体系中不可或缺的一部分，如果使用得当，可以继续为增加销量做贡献。

表达感谢的语言已经被用在了多个大规模广告活动中。2013年圣诞节时，有公司投放了一批广告，用来向身边所有人表答感谢——此前这家公司经历了严重的信誉危机。当然，这些广告不光向顾客表达了感谢，还进一步延伸到对友情的感恩。

在2008年金融危机中受到冲击最大的英国银行之一——劳埃德银行——投放了一批广告，这批广告以儿时伙伴在一起快乐玩耍的温馨画面为主题，以写有"感谢"两个字的气球结尾。广告通篇没有提到钱。更诡异的是，2011年，连锁零售业巨头特斯科在业绩直线下滑的时候，在YouTube视频网站上投放了一系列视频广告，广告内容是一群穿着圣诞节服装的人，对着每一个人——包括做圣诞节大餐的厨师、安全驾驶的司机以及照片墙等公司——唱《谢谢你》这一歌曲。看起来特斯科就是在不顾自身利益地向其他所有人表达感激之心。

一家企业试图投射与友谊相关的情感已经很奇怪了，而在推特赋予企业与消费者直接对话的身份之后，更多企业采用了这一方式就显得更加诡异了。品牌之间在社交网络上用一种忸怩——甚至是撩拨——的姿态互发推文消息。面对丹尼斯这样的餐饮连锁企业在推特上矜持的表现，作家凯特·罗斯观察到，要想在社交网络上"既大受欢迎又保持'矜持'"，品牌们就需要学习一个叛逆少年对待权力时的态度和方法：自嘲式的幽默以及我们能够不断重组的文化基因。现在，企业想成为你的朋友。

当然，个人与公共责任公司建立起的社交关系是有限度的。如今的公司都执迷于"社交化"，但他们最根本的目的是将这种点对点的社交网络的传播功能发挥到极致。品牌希望扮演凝聚友情的角色，这样他们就不会因为消费者个人的理智计算而被抛弃了。因此，可口可乐公司就尝试了一系列带有社交网络性质的营销活动，例如，在饮料瓶上印上个人的名字（"汤姆""苏"等等），这样，可乐就可以被当作礼物互相赠送，他们甚至还提供了"两人分享装"，方便两个朋友之间分享。管理者们希望自己的员工在个人的日常社交生活中扮演"品牌形象大使"，并一直试图学习怎样才能影响他们，让他们这样做。与此同时，神经营销学专家们开始研究成功的广告和宣传画面是怎样刺激某一群体——而不是某个独立的个人——的神经反应。看起来，这是一个判断更大的人群将会如何反应的更好指标。

以空中食宿和优步为典型代表的"分享经济"的兴起，以及关于"传递助人"之类的研究实验，给大企业上了简单的一课。人们在购物消费时，如果能有一种礼物交换或者友情一样的感受，就会感到更加愉悦。在任何可能的情况下，金钱的作用一定不要出现在购物消费的场景中。正如营销者所认为的，在与消费者建立的所有关系中，金钱是一个不幸的"痛点"，需要用某种更加"社交化"的体验来弥补和抚慰。购物必须用另外一种全新的形式来体现。

然而毋庸置疑的是，"社交化"中蕴含着新的商业利益，而激发"社交化"的最大催化剂就是社交媒体的崛起。这在市场营销方面提供了许多新机遇，同时也提出了许多新挑战。整个 20 世纪的市场营销历史，实际上是一个与大众媒体、大众市场、广播式的广告方式逐渐剥离的过程。从 20 世纪 60 年代起，品牌就逐渐开始瞄准一些小众市场和"细分群体"，这些群体需要通过更加敏锐的观察和焦点小组调查的方式来予以确认区分。社交媒体为更加精细地划分消费者群体提供了平台，研究者们可以通过社交网络了解品味、观点以及消费者习惯的传播扩散方式。这就使得营销机构可以根据某些消费个体的社交网络及其交往人群的喜好和消费习惯来量身定制广告。这种营销方法被统称为"社交分析"，这意味着可以用史无前例的精细程度来追踪消费者的品味和行为模式了。

从市场营销的角度来看，其中最有价值的方法就是设法诱导消费者分享品牌的正面信息，彼此之间互相传播，看上去就好像没有大众营销活动一样。这种商业操作被称作"熟人营销"，通过制造社交媒体使用者们喜闻乐见的图片和视频片段，让其自动转发分享，从而在无意间完成了广告的传播。另外，还有一种被称作"赞助对话"的营销活动，消费者在商业机构的赞助下，参与在线讨论或是撰写博客，虽然与社交网络分享相比，商业气息要浓一些，但是目的都是一样的。病毒营销的原理，或者说制造"关注度"的方法，使得营销专家们开始从社会心理学、社会人类学和社交网络分析的角度展开研究。

行为经济学从多个方面反映出我们是一种社会性、利他性生物，与此同时，社交媒体也为商家提供了围绕这一社会行为进行分析和营销推广的机会。与19世纪末市场营销学诞生时一样，如今，市场营销的最终目的依然是：赚钱。不一样的是，今天，我们每个人都被当作可以改变身边朋友和熟人消费行为的有效工具。每个人的行为和想法都可以被转化成一种"传染病"，来"感染"更大的社交群体。诸如脸书这样的社交网站提供了全新的市场营销机会，同时，企业人力管理部门可以通过分析往来邮件来做类似的事情。20世纪20年代，埃尔顿·梅奥发起了一项研究，探讨非正式的人际关系对商业的价值，如今，这项研究可以用更加严格的、量化的科学方式来进行了。

通过社会分析对市场进行精密分析这一方法的成果之一就是，发现了不同社会关系中所蕴藏的商业价值有着极大的差别。

一项营销活动一旦被个人在非正式的社交网络中分享，很快就能清楚地看出，那些交友广泛的人所起到的沟通和传播作用要比其他人大得多。在工作中也是一样，社交圈更广的员工要比社交圈更窄的员工更有价值。因此，从这一现象中衍生出来的商业逻辑就是，对那些已经拥有广泛社交圈的消费者投入更多的资源，而不用过多关注其他人。一直以来，明星是各家公司派发礼品的主要对象，公司希望通过他们拥有的社交资源来提升自己的品牌形象。如今，同样的策略开始被用在社交网络上：那些最不需要这种慷慨馈赠的人，反而成了最重要的馈赠对象，而那些最想要但没有广泛社交网的人却不被关注。

这种"社交经济"的意识形态基础，是将"旧"经济描绘成可怕的个人主义和物质主义。这种理论认为，在互联网被发明并被加州硅谷的天才们发扬光大之前，我们生活在一个分裂的、自私自利的社会里，所有的社会关系都需要靠金钱来维持。在"社交化"之前，所有生意都是肮脏的、利己的，贪婪是其唯一的动机。

当然，这种说法是完全不成立的。自从19世纪中期管理学诞生以来，企业就一直试图制造、管理并影响人们的社会关系（作为单纯的金钱往来的补充）。长久以来，工商企业一直都在担心自身的公众形象以及员工的情感认同。更不用说非正式的社交网络本身就是自从人类诞生的那天起就有的。现在，变化的不是"社交"在资本主义中所扮演的角色，而是将其量化后用于经济分析的能力，这一点首先要感谢互联网社会中社交关系的数字化。人类将社交关系形象化、量化后用于经济分析的能力一直都在不断提高。

那些专家学者在"社交分析"这一领域找到用武之地的同时，出现了一种新的趋势和机遇，越来越多的人开始用数学的、功利主义的眼光来审视自己的社交生活。在这种情况下，友情的道德属性和互惠属性开始衰减，而更为直白的功利主义属性开始凸显。像"传递互助"这种活动开始失去影响力，一方面是因为我们需要适应社会规范，更多的是因为我们从中所能得到的心理回报已经越来越少。人们开始从心理激励的角度来看待利他行为。如此看待社交关系，并对这种经济的、功利的方式心照不宣，这让人不得不面对一个不那么愉快的问题：我从中能得到什么？最有说服力的答案之一就是，友情和利他主义都对人的身心健康有好处。

社交的医学原理

2010 年 2 月，我坐在一个高大宽敞的大厅中间，左手边有个巨大的黄金王座，右手边站着英国工党未来的领袖艾德·米利班德。我们正在一起观看一个大屏幕，里面播放的画面让我想起了 20 世纪 90 年代初时，小贩们在伦敦卡姆登集市上贩卖的光怪陆离的"草本疗法"视频。在场的还有几位政府的决策顾问，每个人都竭力表现出一种极其轻松自在的状态。这一发生在国家权力中心的"状态游戏"，是为了显示自己在这里就像在家里一样无拘无束（史蒂夫·希尔顿的表现无人能及，他是大卫·卡梅隆最亲近的密友，因光脚参加会议而远近闻名）。

当时在场的大约有十个人，在内阁办公室一间巴洛克风格的房间里，每个人都目不转睛地盯着大屏幕上不断移动的点和线。美国医学社会学家尼古拉·克里斯塔基斯站在大屏幕旁，观察着这些举足轻重的大人物们的反应，他似乎对现场效果十分满意。克里斯塔基斯当时正在进行一次巡回讲座，推销他的新书《大连接：社会连接是如何形成的以及对人类现实行为的影响》。在戈登·布朗政府大限将近的日子里，他受邀来向英国政府决策部门展示自己的研究成果。我作为一名对政府决策感兴趣的社会学家，也有幸受到了邀请。

克里斯塔基斯是一位不同寻常的社会学家。不仅仅是因为他比大多数社会学家都更善于使用数学分析方法，更是因为他曾经在世界顶级的医学刊物上发表过多篇学术文章。那天，我们在屏幕上看到的不规则图形代表着巴尔的摩一个街区的社交网络，其中移动的物体则代表着某些特定的"行为"和症状。克里斯塔斯基向受邀到场的政府决策者们传达了一个强有力的信息。肥胖、贫穷和抑郁等常常并发的问题会让人们处于一种毫无生机的状态，而且这种状态是会传染的。它像病毒一样在社交网络中四处传播，只要你和这样的人有一定的交集，就会有被传染的风险。

这些画面看起来令人困惑，但也充满了诱惑力。社会顽疾真的可以用这种图形来展示么？克里斯塔斯基在技术方面的杰出才能无疑是极具吸引力的。第二次世界大战期间，美国大兵给英国带来了口香糖和尼龙丝袜，在这一历史传统下，来自美国的克里斯塔斯基用高科技手段对社交网络进行的分析研究，看起来同样十分新奇，令人难以抗拒。行为学家们坚称，政策的制定可以依靠严谨的科学，高层的决策者们总是有人对此表示信服。

那天，除了那个巨大的黄金王座之外，还有一个令我感觉有些超现实的地方，那就是我们对一座遥远的美国城市——巴尔的摩——的一个街区的古怪窥视。就像那些社会分析公司试图跟踪某种消费者行为的起源与传播一样，我们也在伦敦观察着数千里外数千名生活相对匮乏的巴尔的摩居民；代表他们饮食习惯和健康问题的小点在屏幕上来回游动，就像传染病一样。这种感觉就像我们从高处俯瞰一个蚂蚁窝一样，只不过那些闪烁的图案代表的是人，他们之间有着社交关系、有着自己的人生经历和生活计划，可是，他们看上去又是那么微不足道。

当然，这其中蕴含的政策机遇让人感到极度兴奋，尤其是在这样一个奉行政府财政紧缩的时代。如果医学从业者们可以改善社交网络中比较有影响力的那些人的行为，那也就意味着这些人可以在社交网络中传播一种更为正面的"传染病"。问题在于，决策者们能否不通过某种大范围的社会监控就全面获得这种社会学的大数据。虽然我们已经渐渐对各种私营公司（例如谷歌）收集大众的日常明细行为数据习以为常，但是，一想到政府也要去做同样的事情，我们就不自觉地感到毛骨悚然。

市场营销公司绞尽脑汁，试图掌握我们的社交网络进而改变我们的品味和欲望，而决策者们则将社交网络视作改善我们健康和福利状况的手段。这其中一个重要的方面是，我们发现，某种社会关系的缺失——或者叫孤独——不仅会带来愁苦，更会引起一系列的心理健康问题。芝加哥神经系统科学专家约翰·卡乔波是"社会神经科学"学派的先驱人物，这一学派的理论认为，人类大脑已经进化到了依赖社会关系的程度。卡乔波的研究认为，孤独带来的健康风险甚至比抽烟还要大。有一种手段被称为"社交处方"，医生会建议就诊者去参加合唱团或者志愿组织，这是为了消除其孤独感，减少罹患由孤独引发的抑郁症和慢性疾病的风险。

积极心理学运动从 20 世纪 90 年代早期开始迅猛发展，大力宣扬互惠互利的社会关系给人们身心带来的好处。积极心理学专家们总是喜欢谈论"积极向上"和"乐观"，却对不断上升的抑郁症确诊率避而不谈。这一运动的精神导师们或许总是面带笑容，他们的读者和听众中却有许多人正在与迷茫、孤独和沮丧进行艰苦的斗争，为了找到一种心灵上的抚慰而拼尽全力。

同样，积极心理学也对市场中的金钱交换关系展开了猛烈抨击。积极心理学的课程和讲座中一遍又一遍地重复着感恩、奉献和换位思考等词语。在一个看似尔虞我诈、冷漠无情的世界里，积极心理学试图让自己的信徒们持有一种建立在同理心和慷慨行为之上的、更有道德的立场。事实上，这种强调社会互利的立场与现如今资本主义的核心精神正好吻合——在市场营销上表现得最为明显。但这种道德倾向最引人注意的地方，也是其最终能够站得住脚的理由就是：奉献能让奉献者感觉更加幸福。同样，保持感恩的心理习惯会带来相应的心理上的益处。虽然这种思潮给人的建议是不要再过于以自我为中心，但其最终的关注点还是自我本身。

如今，就像克里斯塔基斯在内阁办公室讲座上所明确展示的那样，社交网络已经被当作一种健康政策工具。这一工具可以被用来影响我们身体和心理上的快乐与苦痛。

长久以来，功利主义采用的"胡萝卜"和"大棒"手段都十分粗陋——用惩罚来增加痛苦，用金钱和感官享乐来提供快乐。现在，随着医学研究及政策的涵盖范围越来越广，那些与我们有社交关系的人成为改善我们心理健康状况的最新工具。现在，我们认识到，一个孤僻封闭的人做完膝盖手术之后感受到的身体上的痛苦要远远大于那些有着良好社交关系的人。积极向上的态度更有利于人们从内科疾病中恢复，并降低复发的风险。

在神经系统科学的大力推动下，专家学者对于社会生活和道德的理解和认识，迅速地被湮没在对人类身体的研究之中。一位名叫马特·利伯曼的社会神经科学家向我们展示，我们传统中所认为的精神伤痛（比如与心爱的人生离死别），会与我们所认为的身体伤痛（比如胳膊骨折）经历同样的神经化学过程。另一位著名的神经科学家保罗·扎克（媒体通常称他为"爱博士"）专注于研究一种神经化学物质—— 催产素。他认为，这种物质与我们许多最强烈的社会本能息息相关，比如爱和公平感。苏黎世大学的科学家们发现，他们可以通过刺激大脑中的某个部分来激发起人们的"是非感"。如今，社会科学和心理学正在会合形成一个新学科，通过对人体的研究来了解人的身体会如何对他人产生反应。

如果说决策者们有意忽视了社交网络和利他精神对健康的影响，似乎有点言过其实。如果积极心理学可以通过鼓励人们自我救助，并提供自我认知帮助，进而让人们更加互相关心，那又有何不可呢？但这种世界观也存在一个隐患，这也是困扰各种社交网络分析理论的一个问题。在将社交世界简化成一套可供人们利用的机制和资源的过程中，有一个问题不断地出现，那就是，是否应当对社交网络进行改造，使其更加有利于那些已经在网络中处于优势地位的人？社交网络中存在一种被称作"权力法则"的现象，那些拥有影响力的人可以通过控制权力来获得更大的影响力。

积极心理学与社交网络分析相结合，向人们展示了心理情绪和情感是可以通过网络传播的，就像克里斯塔基斯发现情绪与健康行为之间的关系一样。例如，北京航空航天大学通过分析社交网络中的文本信息发现，某些情绪（例如愤怒）在社交网络中的传播速度更快。包括抑郁症在内的负面心态，被认为是有社交"传染性"的。愉悦、健康的人可以调整自己的社交关系，以避免不快乐的"风险"。美国心理学家盖伊·温奇对这一现象展开了研究，他建议，幸福的人要学会自我保护。他在书中写道："如果你发现自己周围都是对生活前景持负面心态的人，那就要考虑调整一下你的友人清单了。"这种调整好友花名册的理论对那些"持负面看法者"的影响显而易见。

如今，人们站在医保政策的角度来看待我们的社交生活结构，这实际上多少有些可悲。孤独开始被人们当作一种客观存在的问题，但却仅仅是因为我们可以在大脑和身体中检测到孤独，并可计算出政府和健康保险公司需要为之付出的成本。人们被鼓励变得慷慨和懂得感恩，但主要是为了解决他们自身的精神健康问题，缓解个人痛苦。

政府开始关注城市平民街区的邻里关系，但也只是为了抑制营养不良的蔓延，改善当地社会成本极高、缺乏生气的状态。这些都只不过是在一种坚持使用数学手段的个人主义心理学前提下，试图掌控社交生活的尝试。或许这真的可以为有需要的人提供必要的医疗援助，但是，仅仅通过一些心理学名词就想了解整个社会的做法，无疑是自视过高。而发明这种方法的人，一定是个自大狂。

假扮上帝

1893 年，在布加勒斯特邻近多瑙河郊区一户人家的地下室里，四岁的小男孩雅各布·莫雷诺（Jacob Moreno）和他的朋友们把家里的椅子一把叠一把地堆成了一座小山，而他就坐在摇摇欲坠的山顶之上。他们正在尽情地享受着父母不在家时的快乐时光，玩起了他们最喜欢的游戏。他扮演的是"上帝"，邻居小朋友扮演的则是他的"天使"。坐在椅子顶端的莫雷诺号令天使们挥动翅膀。他们照做了。其中一位天使问他："你为什么不飞呢？"莫雷诺想想觉得有理，就从山顶跃向空中，结果一下子栽倒在地下室的地面上，摔断了一条胳膊。

尽管如此，莫雷诺想要扮演上帝的欲望从来没有完全消失。成年之后，他成了一名心理分析学家、社会心理学家，他在自己的研究著作中热烈地宣称，每个人都是自己社交生活中的上帝，在创造自我的同时，也创造了自己的社交关系。他在1920年发表了作品《父亲的话》，书中提出了一种惊世骇俗的人文哲学理念，这种理念认为，个人拥有无限的可能性，唯一限制他们发挥自我创造力的因素，就是他们生活在一个社交群体中。不过，社交团体也是可以改变和改善的。每个上帝都需要自己的天使。

关于莫雷诺生父的身份一直有很多说法，他在自己的职业生涯中也不断地围绕这一点做文章，甚至编造了很多关于自己家庭出身的荒诞传说。其中有一些赤裸裸的谎言，例如，他多次声称自己于1892年出生在一艘船上，国籍不详，也不知道自己的父亲是谁。而实际上，他于1889年出生在布加勒斯特，父亲是一名土耳其籍犹太人，靠做些小生意艰难地维持着家人的生活。晚年间，他声称，自己才是当时心理学和精神病学界许多热门理念和技巧的原创者。他的这一主张主要是针对心理学家库尔特·勒温，他认为，勒温剽窃了自己的创意。作为一个如此热衷于研究社会关系的人，莫雷诺本人却是出奇的偏执和自我为中心。

在他小时候，他们全家搬到了维也纳，就在那里他考上了大学，学习医学专业。这就让他有几次机会在第一次世界大战之前听到了西格蒙德·弗洛伊德的讲座。但莫雷诺对这位明星导师的心理分析理论只是表现出了些许的兴趣。1914年的一天，当弗洛伊德讲完课准备离开时，莫雷诺追了上去，他对导师说："弗洛伊德博士，我准备从你没做过的领域做起。你是在办公室里设定好的情境中研究人，而我打算走到街上，走到他们家中，在他们更自在的环境中研究他们。"战争的爆发给他提供了第一次按照这一想法实践的机会。

　　他的多重国籍意味着他无法参军，因此，他就在1915年到1918年间到奥匈帝国的一处难民营中当了医生。通过观察难民营中的居民，莫雷诺开始考虑，是否可以通过改变他们身边小范围的社会环境来影响他们的幸福感。很明显，身边的客观环境给难民带来了巨大的痛苦，但是莫雷诺相信，通过对难民之间人际关系模式的细致观察，或许可以找到通过做些细小的改变来改善难民心理满足感的办法。1916年，他把这些想法写到一封信里，寄给了当时奥匈帝国的内政部长，其中一段这样写道：

　　每个家庭、家庭之间、每座工厂、社区中的每个民族团体和政治团体中产生的正面和负面的情感，都可以用社会测量分析手段来研究。因此，我推荐您使用社会测量分析方法建立新秩序。

　　他所说的"社会测量"分析到底指的是什么？它能起到什

么作用？尽管当时"社会测量"还远没有发展成莫雷诺所设想的那种数学科学——更别说实现精确计算，但它已经为后来的社交网络分析理论打下了基础，再后来也催生了社交网络。但在它被发展成一门严谨科学之前，莫雷诺又开始了另外一种自我神化。

他声称自己命中注定要住在美国。在自己无父亲无祖国的神话基础上，莫雷诺进一步宣称："我出生时就是一名世界公民，作为一名水手从一个大洋驶向另一个大洋，从一个国家驶向另一个国家，最终驶向我命运中的目的地：纽约港。"1922年，他说自己做了一个梦，在梦里，他站在曼哈顿第五大街，手里拿着一种可以录音和播放的新装置。看来，创造一个全新的心理学分支不能令他感到满足，莫雷诺还要用这个梦来暗示，其实，唱片播放机也是他的发明。1924年，他找到弗朗茨·洛尼佐做搭档，开始着手设计这一装置，并在维也纳申报了一项专利，后来，他受邀到俄亥俄州，与通用留声机制造公司一起开展研发工作。

后来，莫雷诺还是因为没被认定为此项技术的发明人而感到沮丧，他延续了自己一贯的风格，拒绝承认世界各地有多个类似的项目在同时进行这一事实。他在俄亥俄州的雇主对待这位"发明家"的态度也不像他当初所预想的那样殷勤。但是，这份来自俄亥俄州的邀请却足以让莫雷诺把自己当作一个无国无家的"美国人"。除此之外，莫雷诺十年来一直魂牵梦萦的纽约城正在呈现出一种新兴的社会组织形式，看起来和莫雷诺提出的设想非常一致，即：自我在其所创造的社会群体中具有至高无上的统治地位。

从莫雷诺与弗洛伊德之间那次简短的对话所传达出来的信息来看，他认为，心理分析理论的问题在于将研究对象与所处的社会分隔开来，而没有考虑到现有的社会关系所造成的影响。但是，有什么新的替代理论可供选择呢？最大的危险就在于，极端个人主义的弗洛伊德主义很容易走向两个极端：极端的集体主义，或是埃米尔·涂尔干开创的统计社会学。在莫雷诺看来，这让欧洲人只能在两个极端中做出选择，要么是集体主义，要么是毫无约束的个人主义。而纽约却给出了可供选择的第三种方式。这座城市的人们生活在一个拥挤的空间里，彼此之间存在着微妙的合作和联系，但是，个人的自由却没有因此而受到束缚。莫雷诺解释说，美国就是一个建立在自发组成的群体之上的国家。

友情的数学

在纽约，莫雷诺才第一次有机会开展自己长久以来酝酿的"社会计量学"研究。他理智地放弃了关于每个人都是自己的上帝的说法，但并没有放弃自己在战争难民营中所观察到的信息，以及《父亲的话》一书中所提到的心理学理论，他坚持要在此基础上构建自己的社会计量学理论。他这样描述社会计量学：

重要的是要了解是否有可能建立一个这样的社群：社群成

员在组建集体的过程中保持了最大程度的个体自由，但是他又是集体的一部分，他们组成的不同团体极度井然有序，彼此间和谐共存，由此产生一个长久和谐的共同体。

在这个社会群体中，社会关系是为个人服务的。自发性和创造性完全源于每个人自身的能力，但是，个人能力能否得以释放则要看个人是不是处在适当的社会环境中。社会计量学的任务就是，将对个人社会关系的研究置于科学的基础之上，并最终实现数量化。

在维也纳时，莫雷诺就曾随意地尝试过几种不同的方法。直觉告诉他，展现复杂的社会互动关系的最佳形式就是可视化图表。1931 年，他在一场精神病学研讨会上演示了其中一些创意，之后受邀到纽约新新惩教所，研究那里关押的犯人，来验证他的新理论模式。莫雷诺设计了一份调查问卷，通过 30 个简单的属性对犯人进行评估，例如年龄、国籍、民族，等等。在调查阶段，他所做的没有什么新奇之处，但接下来他要做的却是突破性的。

他并没有用平均、总和、概率等常见的手段来分析这些数据（当时的市场调研和民意测验已经开始使用这种分析方法），而是对犯人进行个体间比较，用以找到每个个体之间的相似程度。由此诞生了一种新的社会学形式，目的在于找到一对一社会关系的价值，以及这种关系对身处其中的个体有怎样的影响。他对什么才是通常意义上的"正常"或"典型"并不感兴趣。

他想要了解的是，个体是如何被他偶然认识的这些人影响的。

在电子计算机发明之前，这种研究方法的计算量令人望而生畏。想要研究一个 4 人小组中所有的人际关系，最多有 6 条联系。如果小组人数扩大到 10 人，那么联系最多就有 45 条。如果再把人数扩大到 30 人，那么他们之间的关联就达到了 465 条之多，以此类推。这是一项缓慢且艰巨的任务。如果一个人的个人主权不为社会研究方法所尊重，那么，人类就没有办法成为自己社交生活中的上帝。

第二年，莫雷诺又在哈德逊纽约女性技工学校得到了一个实施社会计量学实验的机会。这次，他将精力集中在调查个人对待别人的态度上，询问她们想要和谁住在同一间宿舍，以及现在已经认识了哪些人等问题。这次研究见证了一项突破，莫雷诺第一次用可视化的图表展示了研究成果，他用手画的红线标出了学校中女生之间的联系网，这一结果后来被收录在他于 1934 年出版的《谁能够幸存》一书当中。社交生活以一种全新的可视化方式展现在人们面前。可以说，这种可视化的表现方式主导了 21 世纪人们对于"社交"的认识。

社交生活的可视化推动了社会计量学的发展，与当时推动社会学发展的力量相比，它无疑更具有个人主义色彩。各种集体产生的唯一动力是个体自发的能量。这种能量也同样容易被消解掉。在莫雷诺看米，美国文化就是建立在这种加入或者退出某一群体的自由之上。然而，创造一门认识这种个人自由的社会科学绝非易事，有两大难题摆在他面前。

首先，社会生活中那些丰富的、有约束力的、舒适的、有时甚至是让人窒息的属性都隐而不显了。能够为社会计量学所用的数据必然是十分简化的。就像社交媒体仅为用户提供非常有限的选项来定义其个人身份状态（"单身""恋爱中"或"很难说"）或描述与他人的关系（"朋友""非朋友"，"关注""未关注"）一样，莫雷诺的社会计量学也只有在忽略细节信息时才有可能成功。为了摆脱弗洛伊德办公室实验中的种种限制，需要付出的代价就是放弃了对人类灵魂的深度探索。为了在研究社会的科学和研究个体的科学之间搭起一座桥梁，社会计量学必须对两者都进行极大的简化。当然，这种简化也可以是具有吸引力的，尼古拉·克里斯塔基斯在伦敦展示的那个视频就是一个例证。为了能科学地干预社交生活，精英们需要忽略细节信息和文化背景。

其次，当我们把社会当作一张人际关系网来进行研究时，会产生海量的数据，我们要用这些数据做些什么？怎样处理所有的数据，又怎样理解它们？莫雷诺对此也没有答案。社交网络分析一直到 20 世纪 60 年代才开始真正有所发展，并非是由于缺乏足够的基础理论支持，而是由于缺乏相应的数据处理能力。正如我们所见，莫雷诺在社会科学方面对数学计算提出了巨大的挑战。社交网络分析在 20 世纪五六十年代的美国之所以发展缓慢，正是由于当时还不具备处理如此庞大的数据的能力。计算机算法的发展，使人们有能力发现社会数据中的模式和规律，但是，大学还缺乏让运算自动化的能力。

一直到了 20 世纪 70 年代，一系列的软件才被开发出来并用于进行社交网络分析。当然，那时依旧需要学术研究专家们去搜集相关数据并输入电脑。分析社交生活依然是一项相当耗费体力的工作，与统计学相比，大众对此并没有表现出什么兴趣。但是，如果有相当庞大的人群成为联网电脑的常规用户，那么，莫雷诺的研究方法就会成为理解"社交"这一词汇最强有力的方式。21 世纪初，这一条件终于开始出现，2003 年之后出现的"Web2.0 企业"成功抓住了这一机遇。莫雷诺通过采访数十名调查对象并手绘出相关关系图表方能完成的社会计量研究，如今，在脸书的总部只需要轻轻点一下鼠标就可以完成，而且这里的调查对象是数以十亿计。

但是，社会分析的方法从来不像看起来那样与政治毫无关系。虽然社交网络分析号称对人际关系进行了简化，是剥离了无关信息的数学研究，但值得思考的是，促使学说创始人创立这门理论的哲学基础到底是什么？对莫雷诺而言，其他所有人只是为了支撑并取悦一个人的自我意识而存在。友情的全部价值就在于可以让"我"感觉更好一些。一旦对社交生活的研究演变成心理学的一个数学分支，它对人际关系的影响就会变得让人担忧起来。那个被天使环绕、扮演上帝的小男孩的自恋，如今变成了另外一种制造和衡量愉悦感的形式。

社交成瘾

自从 1980 年第三版《精神疾病诊断与统计手册》发布以来，

针对它最主要的指责就是它将人们日常忧伤的情绪和性格上的怪癖归类为疾病。这一点在成瘾性的认定上表现得更加引人关注。在 20 世纪 70 年代早期之前，人们只是将影响到新陈代谢系统的病症归类为上瘾，例如酒精成瘾，但是在那之后，人们开始从文化和社会的角度来看待成瘾问题。在第三版手册发布之后，所有与享乐相关的行为和经历都可能被诊断为上瘾，包括赌博、购物以及性，等等。毫无疑问，这种新的诊断标准离不开生物学证据的支持，而这一证据就是这些行为与大脑和基因的某一部分紧密相关。

2013 年上半年发布的第五版手册，在功能失调性强迫症中增加了新的项目：网瘾。许多医生和心理医生都相信，这种最新的病症符合真正意义上成瘾的标准，程度不亚于药物上瘾。患病者的行为特征符合所有成瘾性的诊断标准。上网会取代他们维持正常人际关系的能力，或影响到他们的工作。当网络成瘾者被切断网络而处于"突然戒断状态"时，会表现出明显的生理戒断症状。为了缓解自己的网瘾，他们会向自己身边亲近的人撒谎。神经系统科学的证据表明，使用网络产生的生理快感在化学成分上与使用可卡因或者其他成瘾性药物所产生的是一致的。

如果我们暂时把神经化学抛在一边，有个简单的问题就有必要提出来：网络成瘾者所沉迷的到底是什么？理查德·格拉汉姆是对这一现象最有研究的精神病学家之一，他就职于伦敦塔维斯托克心理健康中心。他的研究成果让我们得以从病理学这个全新的角度重新理解"社交"这一概念。

2005 年，格拉汉姆的研究课题是，电子游戏是如何影响青少年的行为和态度的。他之所以关注这一领域，要多亏一名经人介绍而来的小病人。这名小男孩表现出了一些抑郁症的症状，同时沉迷于电脑游戏，尤其是对一个名为《光晕》的系列游戏最为痴迷。这个男孩每天要玩四到五个小时的游戏，不打到下一关似乎就停不下来。由于沉迷游戏，他把自己完全孤立在朋友和家庭之外。他的父母为他每天长时间把自己关在房间里而感到忧心忡忡。不过当时，玩游戏本身还未引起格兰汉姆的特别关注。

但是，到了 2006 年，小男孩的情况开始迅速恶化。他在那一年改玩了一款名为《魔兽世界》的网络游戏，这款游戏的市场占有率一路飙升，而小男孩每天玩游戏的时间也一样剧增，最多到了每天 15 个小时。他的父母变得更加担心，但是却束手无策。这种情况持续了三年。事情的转折点发生在 2009 年的拜望双亲日，父母切断了男孩的网络。他立刻变得极度暴躁，以至于父母不得不叫来警察平息事态。他与电子游戏之间的关系已经超出了包括他自己在内所有人的控制。

这两款游戏最显著的区别在于，《魔兽世界》是一款网络游戏，可以在线与其他真人玩家实时对战，因此，在游戏中可以获得真实人类的尊重和认可。男孩玩《光晕》的时候只是沉迷，还没有上瘾，但是和《光晕》不同，男孩在《魔兽世界》中获得的是一种社交体验。即使小男孩是一个人待在房间里，两眼紧紧盯着屏幕上不断变换的画面，但他知道，线上有其他玩家，这给他带来了一种常规电子游戏无法实现的"征服感"。很明显，小男孩并非单纯地对电子游戏技术上瘾，而是沉迷于一种特殊的自我中心社交关系，而联网的电脑特别擅长提供这种关系。

在那之后，格拉汉姆就成了社交媒体上瘾问题的知名权威，而这一问题在年轻人中尤为严重。他注意到，《魔兽世界》成瘾只是一个极端的案例，在如今这个脸书大受欢迎、智能手机成为生活必需品的时代，网络成瘾已经非常普遍。仅就《精神疾病诊断与统计手册》来说，社交媒体成瘾可以被看作网络成瘾症的一个分支，但其中所包含的社交逻辑却具有极其强大的心理力量。和游戏玩家一样，那些放不下智能手机的人也不是被屏幕上的画面或者手机的功能所吸引：他们在竭尽全力地寻找某种形式的人与人之间的互动，但这种互动却完全不会影响他们个人的、私人的生活领域。如今，在美国，据估计有38%的成年人有某种社交媒体成瘾的症状。有些精神病学家甚至认为，脸书和推特比香烟和酒精的成瘾性更强。

无处不在的数字媒体像避雷针吸引闪电那样引来了媒体的疯狂关注。如今的年轻人更加自恋，无法信守对别人的承诺，无法专注于任何"不能互动的事物"，在这些问题上，网络或脸书确实难辞其咎。近期的很多研究都发现了"面对屏幕的时间"会对我们的大脑产生怎样的影响。有确切的证据表明，那些有社交媒体强迫症的人更以自我为中心，更爱"出风头"，并且有"更强的自我表现欲"。但是，与其把技术看作腐化人们心灵和神经的病毒，更有意义的是坐下来反省一下，这个问题中更广泛的文化逻辑到底是什么。

这种以自我为中心的"社交"理念最严重的缺陷就在于，我们中没有一个人（至少是仅仅有个别人）可以一直处于关系网的焦点中心，永远只听得到赞美。没有人可以一直扮演上帝；大部分时间里，人们只能做围着神明转的天使。脸书上面的状况也证明了这一点。看着主页上不断刷新的各种精彩场面，脸书很大程度上只会让人对自己的生活感到更加不满意。用数学来计算衡量社交网络得出的结果是，大多数人的朋友数量要低于平均值，而一小部分人的朋友数量则要远远高于平均值。这种自卑的基调使得每个人都拼命想要制造和展示属于自己的精彩场面，吸引别人的注意力，从而进一步加剧了这一集体内部的恶性循环。正如积极心理学家一直强调的那样，这种倾听能力和同感能力的缺失，是导致抑郁症的重要原因之一。

社交网络分析中一个重要的部分就是"向心性"。它指的是某一特定"节点"（可以是一个人，也可以是一个组织）对自己所处的社交世界的参与程度。在莫雷诺看来，我们甚至可以说它提供了衡量社交"神性"的标尺。话说回来，如果一个社交网络中的成员超过几十个人，在没有计算机的帮助下，是不能完成计算社交关系这一艰巨任务的。但是，凭借21世纪的计算机处理能力，以及无处不在的数字化社交媒体，向心性逻辑就可以拆解并掌控我们所处的社会了。它控制了所有的推特用户，这些用户总是在不停地查看自己关注的人和粉丝数量之间的比例。这些人感觉自己被社会边缘化，他们只能远远观望却无法参与，而向心性逻辑又加深了这一感觉。对明星的追捧渗透到了我们社交生活的方方面面，我们现在看到的都是经过精心修饰的面孔和语言，尽管在生活中，我们可能与对方已经非常熟识了。

如果幸福感更多地在于发掘一种不那么以自我为中心和不仅仅以享乐为目的的人际关系，而不是个人主义盛行的社会所提供的东西，那么，脸书和类似的社交网络平台就算不上是改善幸福感的良方了。不过，若以某种特定的方式来使用社交网络，确实可以找到更紧密牢固、更有成就感的社会关系。一项关于脸书不同使用方式之间的差异的研究显示，"传播与消费"式的社交网络使用方式（在这种使用模式下，用户要么是在展示自己的生活，要么是在观看别人所展示的生活）更容易导致孤独和疏离感，而像收发电子邮件之类的方式则更容易通过对话增加人与人之间的凝聚力。一群研究哪种社会关系可以产生更强幸福感的积极心理学专家，根据自己的研究证据创建了"Happier"新媒体平台，平台设计主要融入了感恩和慷慨这两种公认的积极精神健康元素。

幸福科学和任何创新社交媒体都没有质疑过它的社会逻辑，在这种逻辑中，社会关系仅仅是为了心理优化这一目的而被创造、投资和抛弃（如果有需要的话），而这一逻辑恰恰偏离了幸福科学的本质。为了追求幸福而有技巧地调整和管理自己社会关系的行为，其更为阴暗的一面在于，社会关系唯一的用处就在于它所能提供的心理价值和情感刺激。如果一个人的朋友不能提供足够的欢愉和幸福感，那么，他的"朋友花名册"或许就需要重新"平衡"一下了。毫无疑问，这种逻辑中的享乐主义成分可能会导致社交上瘾和自恋，或者是一种非常具有禅宗色彩的系统化表现形式，可以使人们的情绪长时间地保持平稳，少有起伏。但在这两种情况里，社交扮演了几乎完全一样的角色。

新自由主义的社会主义

我们的社会已经过度个人主义化了。市场将所有事物都归约为个人算计和自私行为。我们沉迷于金钱和所获得的东西，所付出的代价则是我们的社会关系和个人成就。资本主义传播了物质主义的瘟疫，这破坏了人与人之间的联系，让我们中的许多人变得孤苦寂寞。如果我们不能重新发现分享的艺术，我们的社会将会完全分化，使得彼此间的信任变成不可能。如果我们不能重新发现友谊和利他主义所蕴含的价值，我们将会坠入虚无主义的深渊。

几个世纪以来，这些主张激发了无数对资本主义和市场的批判。通常，它们为政治和经济改革提供了舆论基础，不论是约束市场干预范围的温和主张，还是更为激进的推翻整个资本主义的理论。如今，依然可以听到类似的痛心疾首的呼吁，但是，其来源却跟以前有着很大的不同。如今，市场营销、成功学、行为经济学、社交媒体以及管理学的导师们站在了攻击个人主义和市场物质主义设想的最前线。但他们所提供的替代方案，却也只是略微不同的个人主义心理学和行为学。

抑郁和孤独者所面临的问题已被医生和神经科学家了解到，因此，他们也已经进入公共决策者的视野。从他们身上可以看到，新自由主义模式下的资本主义已经出了大问题。社会个体想要摆脱自我依靠和自我反思的无情现状。在这方面，积极心理学家非常理解极端个人主义所带来的痛苦，在这种禁锢下，个人在质疑自己对他人的价值中变得越来越封闭、越来越焦虑。他们推荐的治疗办法是走出自我，更多地与他人建立关系并享受这种关系带来的浸润。但是，在将社会这一理念简化成心理学逻辑的过程中，幸福导师们奉行和莫雷诺、行为经济学家以及脸书一样的逻辑。这就意味着，"社交"是一种换取个人医疗、感情和金钱等利益的工具。自我反省和自我改善的恶性循环依然在继续。

一个人要怎样打破这一牢笼？从某些方面来说，"社会处方"是一个诱人的范例。它来源于一个功利主义的假设，那就是，个人可以通过加入社会组织和合作分工来改善自己的健康状况，并且明确指出了实现这一构想所需的社会机构，而不单单是一些理论上的指导和建议。如果一个人困在小我之中，用嫉妒的眼光看待他人，那么，这些问题就需要一个系统性、政治性、集体性的解决方案。简单地诉诸社交中的心理安慰并不能缓解这一问题，一旦与数字媒体以及这些媒体所催生的以个人为中心的社交关系相结合，反而会加重本来要解决的问题。现在，一个关键的问题在于，如何以不同的方式设计和构建经济、市场、政策、法律以及政治参与，才能维持有意义的社交关系，但那些"社交"资本主义的老前辈们几乎完全没有正视过这个问题。

如今，我们所面临的问题是，企业、媒体和政策都在狂热地走向社交化，也就是所谓的"新自由主义的资本主义"。相比出售，人们更青睐分享，只要这样不影响到处于统治地位的大公司的经济利益就好。诉诸道德和利他主义动机成了说服人们按照他们毫无发言权的、设定好的程序行事的最好办法。在不需要任何金钱往来的情况下，品牌和行为就可以通过社交不断传播。人们推崇同理心和友谊，但仅仅也是作为幸福的人习得的一种特殊习惯而已。曾经处于经济逻辑以外的事物，例如友谊，被悄无声息地卷入其间；那些曾经的功利主义逻辑的敌人，例如道德准则，则被改造成了为功利主义服务的工具。

宣称胜者通吃的新自由主义逻辑，将其议程中所包含的微弱的社会改革希望置于破灭的风险之上。在这里，马特·利伯曼、保罗·扎克以及其他人所提出的"社会神经科学"可能会被证明是最具决定性的，因为，它为将社会行为作为健康、幸福和财富的一部分进行分析研究提供了坚实的心理学基础。这一专注于个人大脑和身体的学科，至少为有权有钱的人群和寂寞孤独的边缘人群提供了同样多——或者比前者更多些——的支持。一旦社交关系可以被视作人体的一种医学和生理学属性，它们就可以被带入对自我优化的无穷追求之中，而这种追求就是新自由主义时代幸福的保证。

互联网为所有不同形式的组织带来新希望的时间并不长。正如文化和政治理论家杰里米·吉尔伯特所主张的，我们应该记得，数年以前，鲁伯特·默多克的传媒帝国试图将聚友网打造成一个盈利企业的努力刚刚遭遇了滑铁卢。开放网络与私人投资这两种不同逻辑之间的冲突无法化解，默多克也因此损失了5亿美元。脸书不得不付出极大的努力来避免重蹈这一覆辙，尤其是在将线上的"虚拟"身份转化为线下的"真实"身份时，他们紧紧围绕市场和市场研究者的兴趣来设计自己的产品。现在，说他们已经获得成功或许为时尚早。对脸书心理控制技术的抵制促进了Ello的崛起，这个目前还没有明确商业模式的社交媒体平台允许用户匿名登录。即使Ello也被证明是虚假的希望，但它至少反映出了公众对于市场营销者根据自身利益来分析和操控社交媒体这一现状的不满。

心理学家雅可布·莫雷诺和行为经济学家们将社交生活简化为心理学，而社会神经科学家则将其简化为生理学，这两种简化都并非完全不可避免。卡尔·马克思认为，通过将工人们集中到工厂强制他们在一起工作，资本主义创造了一种阶级构成，但也正是这种阶级构成，最终会推翻资本主义。这是对强调市场中个人交易至上的"资产阶级意识形态"的批判。如今，人们可以因为自己的精神和身体健康聚在一起，也可以因为某种个人享乐主义癖好聚在一起，但社会群聚会发展出自己的一套逻辑，并且不会简化至仅仅与个人健康享乐有关。这就是目前新自由主义社会主义中所蕴藏的希望。

第七章　活在实验室中

商业创意和实践并不会自动传播，即使它们明显可以产生可观的利润。这些商业行为需要市场推广，有时候还需要努力打破文化和政治上的障碍才能被人接受，并逐渐变成一种自然而常见的手段。在约翰·华生的支持下，智威汤逊广告公司在20世纪20年代开始创建并发展的"科学广告"理论，就是这方面的一个案例。

智威汤逊广告公司是麦迪逊大街（美国广告公司集中地）上第一家相信通过心理特征分析技术，例如市场调查，可以科学地将广告投放至目标客户的广告公司。他们相信，这种分析技术可以影响个人的消费行为，甚至让消费者不按自己的理性思考来做决定。投放广告需要对个人情感和行为进行详尽的心理洞察，如今，这一理念已经深入人心。但是，自20世纪20年代中期从麦迪逊大街起步，一直到今天成为全世界都认可的常识，其道路并非一帆风顺。

如果不是在1927年成功地和通用汽车公司签订了广告合约，智威汤逊广告公司也就不可能成功地向全世界推广他们的科学广告理论。当时，通用汽车在全世界已经有相当高的知名度，生产工厂遍布整个欧洲。智威汤逊与通用汽车签订的合同约定，在每个通用汽车已经进驻的国家，智威汤逊都会设立一家办事处，为这家全球汽车巨头提供立足于当地的专业广告营销服务。作为回报，智威汤逊将成为通用汽车全球市场独家广告代理。仅在 1927 年一年的时间里，智威汤逊就在欧洲六个国家新开了办事处。之后四年间，他们又陆续在印度、南非、澳大利亚、加拿大和日本建立了新的办事处。依靠其居于行业巨头的合伙人提供的安全保障，智威汤逊成为一家跨国公司，他们独特的营销风格也传播到了全世界。美国工商企业向全球市场扩张的能力在第二次世界大战后突飞猛进，很大程度上就得益于这种已经在资本主义世界中无处不在的商业信息情报网络。他们已经牢牢掌握了国外消费者的相关信息。

在和通用汽车签订合同之后，智威汤逊开始着手准备将消费者调查扩大到前所未有的规模。在不到 18 个月的时间内，他们在全世界对超过 44000 名消费者进行了问卷调查，其中有许多与汽车行业相关，但也有关于食品和化妆品消费的问题。这是有史以来最大规模的大众心理剖绘项目。他们从零开始，最终成功编制了一份详尽的关于世界各地消费者偏好和习惯的资料。然而，在操作过程中，他们也曾遇到了种种困难和阻挠。

智威汤逊广告公司的研究者们很快便发现，在美国本土市场以外，他们的技术和方法并没有得到大众的理解和认可。他们想要跟消费者建立起紧密联系的种种努力经常会遭受冷遇。

在英国，有几名研究员还因为上门调查遭到了逮捕。还有一名英国调查员发现调查工作过于困难，根本无法展开，于是不得不到大街上追着行人大声向他们提问。1927年，一名研究员在哥本哈根进行上门调查时，甚至被充满敌意的受访人粗暴地从一节楼梯上推下。同样是在哥本哈根，还有一名调查员，由于假扮检察官以试图进入受访人住处而被警察逮捕。德国汽车生产企业协会甚至威胁要以"商业间谍罪"起诉智威汤逊。

消费者信息的全球化需要运气、计谋和强力三种要素，三者缺一不可。智威汤逊为自己提出的这项挑战困难重重。这并不是简单地在公众场合观察人群，或者询问大众的公开想法，正如此前许多杂志所做的那样。新的策略下，研究者们需要跟消费者结成前所未有的亲密关系，这意味着研究者需要在家庭主妇的家里观察她们的生活劳作。研究者们不光想要知道人们怎样看待或者讨论某种产品，还想在消费者家里看到这些产品，并观察他们的使用习惯。要想了解这些信息，就要求他们必须在一定程度上窥探消费者的生活，或者提出一些相对私人的问题。

智威汤逊广告公司在欧洲的痛苦遭遇，揭示了大众心理调查项目不得不面对的最严峻挑战：怎样才能让普通人配合？任何社会科学都必须面对这一政治问题，研究者们要么通过跟被调查对象协商谈判，征得他们的同意，要么通过某种强力和特权，迫使他们接受研究和调查。如果这两种办法都不行的话，就只能通过更加隐秘的手段来进行了。

威廉·冯特在德国莱比锡建立了自己的心理实验室，他把自己的学生和助理当作重点研究对象。对于他所要进行的科学实验来说，必须要征得所有研究对象的完全同意才可以开展。今天，心理学家通常通过提供金钱补偿来鼓励人们参与调查项目，参与者通常是那些缺钱的、非本专业的学生。相反的，根据历史统计数据来看，为了保证人口数量可以得到精确和客观的测量，统计学的历史，就像这个词的本意所表达的那样，是一段一直伴随着国家强力保障执行的发展历程。国家可以很轻易地完成智威汤逊广告公司竭尽全力想要做到的对大众的观察研究。与之类似的是，弗雷德里克·泰勒依靠自己与权贵阶层的关系，在 19 世纪 70 年代到 80 年代之间对费城的大量工厂进行了深入的调查研究。

　　"数据"一词源自拉丁语"datum"，字面意思是"被给予的"，但现实往往与字面意义截然不同。调查和心理学实验中取得的数据很少是"被给予的"。这些数据要么是依靠权力的不平等，通过强制监视获得的；要么是用一些东西换取的，例如金钱奖励或者免费赢取平板电脑的机会。通常来说，这些数据都是通过某种隐秘的手段获得的，例如，在单面镜的背后偷偷观察焦点小组。在诸如人类学这样的社会科学中，获取数据的方式（这种情况下，是通过长期的观察和行为参与）要依靠长期的观察反思。而在行为科学中，"数据"这一中性词汇则被彻底利用了，无论人们同意与否，都有一套强大的系统和工具来研究、观察、调查和追踪人类的行为模式，"数据"则成了一个幌子。

　　很明显，20 世纪 60 年代智威汤逊广告公司向海外扩张时，还是会受到这一政治因素的影响。但是，在那个年代之后，这些因素就开始在人们的视野中消失了。关于人们的想法和感觉如何、他们愿意怎样投票、他们怎样看待某个品牌这些问题，都已经变成了简单的事实。幸福感也是完全如此。盖洛普公司长期坚持每天对一千位美国成年人进行关于幸福感和健康度的调查，这使得他们可以在日常基础上，从最微小的细节上追踪大众的情绪。对于大机构想要掌握我们所感所想的这一事实，人们已经习以为常，不再把它当成一种政治问题了。但是，心理学和行为科学数据中可能呈现出来的规律，很大程度上受制于社会的权力架构，而这些数据的获得也源于这一架构。如今，幸福感和健康度相关的数据大爆炸完全是全新的监控技术和实现方式造成的。反过来说，这些数据的获得也是源于业已存在的权力不平等。

建立新的实验室

2012 年，《哈佛商业评论》杂志宣称，"数据科学家"将会是"21 世纪最性感的工作"。我们所处的时代对数据收集和分析方法的可能性充满乐观的期待，这种可能性再次激发了行为心理学家和功利主义者的热情，他们期望仅仅通过对人心理、身体和大脑进行细致科学的观察，便可以有效地管理社会。每当行为经济学家或幸福学导师宣称我们终于可以深入了解人类动机和满足感的奥秘时，他们的底气仅仅是来自一系列创造了监控大众心理机会的技术与文化变化。其中，有三个方面值得我们单独拿出来谈谈。

首先，"大数据"受到社会的广泛追捧。随着我们日常生活中与零售商、医疗保健机构、市政部门、政府以及其他人之间交易和经济来往的数字化，产生了海量的数据记录，我们已经有足够的技术手段对其进行"数据挖掘"。取得这些数据的公司将其视作宝贵的资产，他们相信，对于那些想要预测人类未来行为模式的人来说，这些数据都是无价之宝。另外，有许多公司更愿意把这些数据紧紧握在自己手里，例如脸书，这样，他们就可以根据自身的业务需求对数据进行分析，或者卖给市场研究公司。

在另外一些情况下，出于公共利益的考量，这些数据会被"公开"。毕竟，是我们大众通过刷信用卡、访问网站、发微博等行为产生了这些数据。因此，大数据也应该可以对公众开放，供大众分析。不过，这种更加开放的方式忽略了一个事实，那就是，即使数据是公开的，用来分析数据的工具却不是。就像"智慧城市"分析师安东尼·汤森德所指出的，纽约市在公开数据管理方面明智地决定，电子政府建设的承包商在分析大数据时所使用的算法不在公开之列。当左翼自由派还在担忧知识产权保护法所造成的知识私有化时，一个关于私有化理论的新问题已经摆在人们面前，那就是，用于发现和分析人类行为模式和趋势的算法已经被归为商业机密的范畴了。如今，整个工商业都建立在理解和分析大数据的能力之上。

第二种发展变化只能从文化层面来理解和解读。简单地说，自恋症的传播已经被当作一种研究机会。当智威汤逊广告在上世纪 20 年代首次尝试对欧洲消费者展开调查时，他们的行为被当作是对私人隐私的侵犯，事实也确实如此。最近，对于市场调查的忍耐度有一次大幅下跌，不过，这更多地是因为受访者对调查的不耐烦，而不是别的什么原因。对于调查员拿着写字板，问自己喜欢什么、想要什么或者对某些东西什么看法，消费者已经完全失去了耐心。但是，当脸书问他的十亿位用户"你这一刻在想什么？"这种看似毫无用意的问题时，我们就会毫不犹豫地把自己的想法、品味、喜好、欲望和观点输进他们公司庞大的数据库。

当受访者出于研究的目的不得不透露自己内心深处的想法和感受时，他们只是出于不得已。但如果他们完全出于自愿，报告自己的行为和情绪，那这件事本身就突然成了一种充满满足感和愉悦感的行为。一群艺术家和软件工程师发起了一场名为"自我量化"的运动，参与者们衡量并汇报自己私人生活的方方面面，从食谱到个人情绪甚至还有性生活。这出乎意料地引发了人们对于自我监控的热情，而市场研究者和行为科学家一直在非常仔细地观察着这一点。如今，许多像耐克这样的公司都在探索一种新模式，在销售健康和运动产品时搭配自我量化的应用，消费者可以通过这种软件随时汇报自己的行为（例如慢跑），在这一过程中生成对公司有用的数据。

第三个方面就是政治和哲学概念的发展变化，这种变化的幅度和影响力是最大的。这关系到"教会"计算机根据人类表达的情感来理解人类行为模式的能力。例如，"情感分析"领域就需要设计一种算法，去分析解读某句话（比如一条微博）中所表达的情感。麻省理工情感计算研究中心致力于新技术的研究开发，试图让计算机通过识别面部表情来解读人的情绪，或者与人进行带有"智能情感"的人机对话，从而为人提供医疗援助或友情抚慰。

通过识别人类的肢体语言、面部表情和行为模式来解读个人情绪这一方法，正在以空前的速度发展扩张。一旦人类的情感可以被测量，就会有新的计算机程序被开发出来去影响我们的情感，这是科技与情感同步的另外一种方式。在诸如"战胜忧郁"和"战胜恐惧"这样的软件系统出现之后，计算机行为认知疗法已经成为现实。随着计算机情感干预技术的成熟和发展，计算机判断并影响我们情绪的能力也会提高。

面部扫描技术为那些想把握"准确客观"的人类情感的营销公司和广告商提供了良好的发展前景。这些技术是突破计算能力的限制、让心理学走出实验室的开端，并已经渗透到人们的日常生活中。连锁超市巨头特易购已经开始尝试根据顾客面部表情所传达出的情绪，向不同的人群推送不同的广告。摄像机可以用来在大街上识别某位顾客，然后根据他之前的消费行为来为他推送特定的商品广告。但这一切或许只是一个开始。全球领先的面部识别软件开发商之一已经开始将自己的技术应用到课堂之中，用来识别学生是在集中精力还是在消磨时间。

大数据、分享私人感情与想法的自恋行为，以及在识别人类情感方面更加智能的计算机技术三者的结合，为心理记录分析开创了新的可能，这是边沁和华生想都不敢想的。再加上智能手机这一数据收集利器，此前只可能在大学实验室或是监狱这种有严密监控系统的地方才可能完成的工作，现在已经变得轻而易举了。心理监控的政治、技术和文化障碍都在逐渐消解。对于芝加哥学派这样的新自由主义者们来说，市场最大的好处之一就在于，可以在整个社会的范围内全程收集有关消费者偏好的数据。但如今，大规模的数字化以及数据分析方法提供了一种全新的心理记录分析模式，这种模式涵盖的范围更加广泛，包括个人情感与人际关系，而这些通常是市场无法触及的领域。

如今，随着调研技术的发展，研究者们认为，他们可以在调查消费者偏好的过程中，规避其中关于民主形式和政治方面的风险，同时不必仅仅依赖于市场。通过私密的方式大规模地分析消费者的微博内容、线上行为或面部表情，就可以在不接触受访对象的情况下获得一定程度上的客观信息，这是以前面对面收集调查信息的研究者们无法做到的。华生曾经想将心理学从对"语言行为"的依赖中解放出来的梦想几乎就要实现了。研究者认为，一旦他们解码了我们的大脑、表情以及潜意识里的情感，我们的感情就会变得清晰明了。

随着时代的发展，市场调研也在与时俱进，虽然询问的大多还是相同的问题，但是得到的答案却更加精细了。在民意调查领域，General Sentiment 这样的情感调研公司每天对 6000 万条信息来源进行分析，并生成关于大众想法的相关报告。在用户满意度调查方面，公共服务机构和医疗保障机构希望通过分析社交媒体上的大众情绪来做出更为确切的相关评估。在传统市场调查领域，数据分析已经可以更加清晰地揭示我们内心深处的品味和欲望了。

这其中有个非常有意思的现象就是，我们与别人之间看似私密的谈话（例如在脸书上），被认作可以用来分析的确凿可信的数据，而我们反馈给市场调研人员的信息，反而被认为没那么可信。我们刻意表达的评论和观点并不可信，相反，我们无意识的"语言行为"却被认作内心真实想法的自然表达。从行为科学和情感科学的角度来看，这或许能说得通，但如果从民主的角度来看，就完全是场灾难了，因为，民主的前提就是人们可以清醒审慎地为自己的利益发声。

这些发展又引起了新一波的乐观主义风潮，人们认为如今可以更深入更准确地了解个人的思想、决策和幸福感。最终，那些真正影响人类决策行为的因素就可以浮出水面，而人们购买行为及其背后的动机也将大白于天下。如今，在边沁的理论诞生两个世纪之后，我们终于将要揭开能够大幅增加人类幸福感的因素的神秘面纱了。而在广泛流行的精神抑郁疾病面前，对人类情绪和行为的大规模监控或许可以解开这些疾病的病因之谜，进而对其进行准确筛查，并提供相应的援助，防患于未然。

实现这一乌托邦的构想的一个未曾明言的前提就是，整个社会被设计改造成一个大实验室，我们每天都要生活于其中。这是一种全新的社会动态，监控与隐私之间已经不再有清晰的界限。这个社会已经不再强制收集心理学数据，而是依靠个体消费者和社交网络用户们积极主动的配合，自发生成这些数据。社会的主要诉求就是，让所有人的生活更加轻松便利、更加健康、更加幸福。这个社会为人们提供了诸如智能城市这样的环境，可以根据成员的行为和实时的潮流不断调整，而大多数人甚至根本不会注意到这一点。为了避免边沁所担忧的"声音的暴政"，当今社会用专业管理取代了对话。毕竟，没人可以一直住在实验室里，不论这个实验室有多大。必须有个足够强大的小群体来扮演以前科学家们的角色。

2014 年 6 月，脸书发布了一篇分析社交网络中"情绪传染"现象的研究论文，我们可以从中对未来窥见一二。公众的反应和 1927 年智威汤逊广告公司在伦敦和哥本哈根开展市场调查时所遇见的并无二致：愤怒。这篇学术论文登上了全世界各大媒体的头条，但报道关注的并非是论文中的新发现本身。媒体发现，2012 年 1 月，脸书曾在一个星期的时间内故意操纵了针对70 万名用户的新闻推送，这一行为被认为违反了科学研究的职业准则。事实证明，这家承载了大众人际交往和企业公关宣传的网络平台，最终也变成了探究和测试消费者行为的实验室。

再过十年二十年，我们还会因为这类行为而感到愤怒么？还是大众会慢慢变得习惯？进一步讲，脸书到时是否还会费心发布自己的研究发现，还是干脆为了公司的利益默默进行相关的实验？今天的状况令人担忧的地方在于，获取这类知识和信息必须依赖不平等的权力，而这种不平等已经完全隐蔽起来，或者人们对此已经视而不见了。事实上，这种机制运转的核心，是把"良好动机"（比如为了改善人类的健康和幸福状况）与利益和精英政治策略相结合。挑战这种全方位控制我们日常生活的机制的唯一办法就是，我们同时挑战专家向我们灌输情绪的天然权力，不论这些情绪是正面的还是负面的。

幸福的真相？

你昨天有多幸福？你感觉如何？你了解么？你还记得么？有一种可能性就是，即使你已经不记得，也有人可以告诉你。随着数字科学和神经病学的发展，我们似乎即将进入一个新时代，届时，关于你个人主观状况的话语权不在你的手里，而是由专家决定的。换句话说，个人主观状态已经不再是一种主观的事情了。

这方面的一个例子就是推特。推特共有 25 亿用户，每天生成超过 50 亿条信息，所生成的庞大信息流可以为了任何目的而被分析。这是近些年来最惊人的大数据收集案例之一。这些数据中有 10% 可供公众自由免费使用，为商业机构和高校等社会研究机构提供了难以抗拒的研究机会。而剩余的数据流，包括每一条信息的全部内容，在支付一定费用之后也可以供研究者使用。

研究者遇到的挑战在于如何解读这些数据，这需要设计一种能够处理数百万条消息的算法。匹兹堡大学的一群心理学家就设计出了一种算法，旨在发现一条 140 字的信息中所传达出来的幸福感有多强烈。为了做到这一点，研究者们建立了一个数据库，该数据库由从数字文本中抽取出来的5000个单词组成，每个词都被从1到9标记出了所代表的"幸福感"的强度。这样就可以对每条信息中所表达的幸福感进行自动打分了。

匹兹堡大学的研究项目是为了在整体层面把握幸福感的变动趋势，每天能够分析5亿条推特信息。项目本身并不关注个体用户的幸福感程度。相反，项目研究能够从时间纬维度和空间维度发现人群中幸福感波动的清晰趋势和规律。依据这些研究数据可以绘制出一份幸福感地图；如今，研究者可以确定，每周中的星期二是幸福感最低的一天，而星期六是幸福感最高的一天。或许，这个研究项目不能明确地显示出你上周的幸福感有多高，但还有一系列类似的项目可以，尤其是那些有望提高或改善你的幸福感、健康状况和安全感的研究项目。

其中之一就是由一群达特茅斯大学的研究员发起的"涂尔干项目"，该项目以社会学家埃米尔·涂尔干的名字命名。涂尔干被认为是社会学的奠基人之一，他的著作《自杀论》是一本研究19世纪各国之间自杀率差别的书籍。涂尔干的研究利用了他那个时代欧洲几十年间所积累的死亡率统计数据；而涂尔干项目则有比以前更好的资源可以利用：通过分析社交网络数据和手机通话来预测自杀行为的发生。

这　研究的目标群体是美国的退役老兵，和其他人相比，这些人被认为具有更高的自杀风险。问题在于，如何在悲剧发生之前找到那些需要帮助的人。美国退伍军人事务部可以查阅老兵的医疗记录，涂尔干项目利用这一补充数据，计划建立一套自杀高危人群早期预警机制。这个项目需要能够处理海量数据的成熟算法，它同样也是通过学习特定词语含义的方式来进行研究的。有自杀倾向的人群惯用的句式和语法结构也在被解析后输入计算机。在不对研究对象的生活产生任何干扰的情况下，就可以跟踪调查他们的情感状态。在英国华威大学，一个类似的项目使用真实的自杀遗书，来训练计算机通过语法结构辨别人们的自杀倾向。

如果个体进入到这种心理监控项目的范围，对其进行评测的机会也就相应地增加了。在"健康2.0"产业政策的带动下，出现了一大批可以实时获取个人身体状况数据的可穿戴设备，这就使医疗保健产业可以进一步深入到人们的日常生活中，从而打破过去手术台、医院或实验室的空间限制。现在，"情绪追踪"成为自我量化运动的一个独特分支，参与其中的个人试图测量并记录自己的情绪变化，不论是出于健康的考虑，还是仅仅出于好奇。诸如 Moodscape 这样的应用程序（基于一项著名的精神病学影响量表——情绪量表）就是为了使对个人情绪的监控更加便利和标准化而开发的。

例如，哈佛大学开发的 Track Your Happiness 和伦敦经济学院开发的 Mappiness 等智能手机应用程序，每隔数小时就会探测一次当前用户详细的情绪状况（并将其转化成数字）和正在进行的活动，为经济学家和幸福感研究专家提供了十年前完全不敢想象的数据依据。结果表明，人们在拥有"亲密关系"时最为幸福，尽管人们并不清楚通过电话反馈这一数据对他们的幸福体验有什么意义。

20 世纪 60 年代，当研究者们刚开始尝试收集全社会的幸福感数据时，他们遇到了一个问题。这是另外一个戳中功利主义痛点的技术问题：一个人对自我幸福感的报告究竟有多大的可信度？我们确信人们对幸福感的报告中会含有某些"客观的"部分，在这个前提之下，人们对幸福感的报告会受到如下几个因素的影响。首先，他们或许忘记了自己日常生活中的真实感受到底是怎样的，但是在报告中以比自己实际感受更开心或更阴郁的情绪来一以概之。或许我们会认为这是一种自我欺骗，但其实人们完全有按照自己的主观感受来随意描述自己生活的自由。

第二，在回答调查中的问题时，他们会受到某些社会文化准则的影响。如果问题是"总体来说，你对自己的生活有多满意？"或者"昨天你感觉幸福么？"有些人在文化或教育经历的影响下，或许会立刻作出某种固定形式的回答。或许他们认为抱怨会被当作失败者，于是就夸大自己的幸福感（在美国，这是一个非常典型的问题），或者认为炫耀幸福是粗俗的，于是低估自己的幸福感（在法国，这是一个非常普遍的现象）。

随着幸福经济在整个 20 世纪 90 年代的不断发展，人们找到了几种绕过这一问题的方法。这些方法的目的是把握我们实际体验到的幸福感，而不是我们主观感受到的或者语言描述所表达出来的幸福感。很明显，这既是一个哲学问题，也是一个方法论问题。到底怎样做才能不通过个人有意识的反思就把握幸福的"真相"？心理学家和经济学家并没有被这个问题难倒，他们开发出了一系列的方法。其中一个方法被称作"每日重现"，参与这种幸福感研究项目的受访者需要在每天结束时坐下来，回想这一天他们所做的事情以及他当时的开心程度和幸福感，并以日记的形式记录下来。这种方法有个明显的缺陷，就是一个人的记忆很容易出现偏差。但这种方法已经朝着剥离意识的方向又近了一步，以期更加准确地报告在脑海中起起浮浮缥缈不定的幸福感。

数据分析和智能手机所带来的新的监控手段和自我监控的机会有望从根本上解决这些问题。人们不需要再通过调查问卷来报告自己的幸福状况，因为现在，研究机构在他们不知情的情况下就可以对他们的话语进行大规模分析，或者用户自己就可以通过智能手机上的应用程序实时反馈这些数据。两百年来，人们测量精神生活起伏变化的努力都被限制在某些特定的机构当中：监狱、大学实验室、医院以及工作场合。这些研究需要依靠社会等级之间的权力差异才能完成，即使人们无力挑战体制，但却可以清楚地看到其中的权力不公。现在，随着机构相关的局限被打破，所有的这些问题也就不复存在了。

但这却并非功利社会里心理监控所能实现的最夸张的可能性。在人类幸福科学外围所能够辐射到的领域里，相关研究项目的最终目的是将个人的意识和体验完全剥离。在这种情况下，幸福感不再是个人的精神状态和主观感受，而是可以被客观评判的生理和身体状态，不论被研究者是如何判断和报告自己的状况的。

幸福科学之所以具有如此大的吸引力，就在于它有望解开人类主观情绪中的种种谜题。但随着这门科学的空前发展，慢慢地，其中那些主观因素反而成为研究中无关紧要的部分。边沁理论假定快乐和痛苦是唯一真实的心理学维度，如今，这一假定直接为我们带来一个哲学上的迷思，在新的情境下，一个神经科学家或数据科学家可以判定我对自己主观情绪的感受是完全错误的。现在的情况差不多是认为，我们的身体传达出来的信息要远比我们的语言所传达出来的更加可靠。

当我们把幸福看作一种生理学现象，如果说"看到"幸福的方式之一是通过面部表情，另外一种方式则是直接抵达产生幸福感的根源：大脑。如今，由于脑电图描记器和功能磁共振成像技术的发展及其成本的降低，各种不同的情绪和心理障碍都被认为是清晰可见的，包括躁郁症和幸福感体验。关于神经科学的各种夸张的说法和主张已经举不胜举，而将精神（心理学的研究对象）简化为大脑（神经系统科学的研究对象）这一主张看似可信，但是，它对"精神"一词含义的理解从根本上就是有问题的。尽管如此，一个新的功利主义时代或许即将拉开帷幕，这个时代是边沁那个年代的学者们完全不敢想的，幸福科学不但绕开了传统调查手段和心理学测试的局限和障碍，甚至不再需要所有的身体表征和语言表达，直接通过身体表现就可以评估相应的情绪。"情绪"一词的含义已经从根本上发生了改变。

随着意识和感情以及此类相关概念在生理表征和神经科学的挤压下不断边缘化，社会上出现了许多奇怪的现象。原本归于自我的情绪和决策，似乎转由身体其他部分来控制了。社会文化迫切要求将抑郁症归因于身体其他部分，甚至已经到了科学家相信通过验血就可以查出抑郁症的程度。如果患者不认同呢？科学家会犯错误么？更加诡异的是，"大脑"已经演变成一个抽象概念，可以代指多个身体部位。生物学家迈克尔·格尔森宣布，在内脏中发现了"第二大脑"，主要控制消化功能，但这个大脑也会有自己的情绪和"精神疾病"。

新的监控设施和手段中，很少有是出于政治目的、为了控制人们的生活或侵犯人们的隐私而被发明的。绝大多数发明的动机都是好的，想要通过对大众进行长时间的追踪调查，来更好地认识幸福和健康的本质，利用科学和医学的手段来改善人类的福祉。对那些追随边沁脚步的人来说，进步的关键在于，人类科学能够找到更好的方式去理解精神与身体之间的关系，以及情感愉悦与身体表征之间新的联系，并解开长久以来关于我们大脑"究竟"在想什么的无数未解之谜。

由于这些明显是为了改善我们的健康和福祉——其中许多确实是出于这个目的而发明的，因此也就很少遇到阻力。相反，许多为了解开关乎我们健康和福祉的谜题而被开发出来的数字应用程序，要求用户在自我评测和记录方面积极配合，踊跃分享有关个人情绪的数据。这样做一定要有明显的好处，不然，这种评测的方式很大程度上将无法正常进行。

问题在于事情并不是到这里就截止了。一开始，出于改善人类福利状况而发明出来的新事物，很容易就会变成控制人类行为的新手段。从哲学角度来讲，功利主义和行为主义之间有一道不可逾越的鸿沟：前者认为，人内心的感情体验是衡量一切价值的标尺，而后者只关心能够明显影响或者控制人类这一研究对象的方法或因素。但单从方法、科技和手段的层面上来看，从前者转向后者简直是轻而易举。个人主观感受在功利主义社会中的重要性不言而喻，但相比之下，可以用客观的、行为主义的方法来解读并预测人类情感的机器所具备的吸引力，无疑要大很多。

同样，启蒙与人道主义等通常被认为是人类社会繁荣进步之基石的基本思想，突然之间变成了说服人们购买自己不需要的商品、为不尊重自己的管理人员更加卖命地工作，以及服从那些他们没有发言权的政策目标的工具。将精神、身体与世界之间的关系量化，不可避免地变成了控制人类行为和预测公众决策的基础。

选择的真相？

曼哈顿西区的哈德逊庭院地产项目是纽约市自 20 世纪 30 年代洛克菲勒中心建成以来最大的地产建设项目。项目完工后，将有 16 幢摩天高楼拔地而起，包括办公区、大约 5000 套公寓、商业区和一所学校。在纽约前市长迈克尔·布隆伯格的推动下，纽约城市管理部门和纽约大学通力合作，让这个项目成了一个庞大的心理学实验室。纽约大学研究小组将研究命名为"量化社区"，哈德逊庭院将成为其最具雄心的代表性项目，该项目所有发展阶段的详细数据，都会被拿来供学者和商业机构分析研究。行为主义创始人华生把人类当作小白鼠，通过条件反射刺激来进行实验研究的方法，现在被应用到了城市规划策略之中。

　　大数据时代与问卷调查时代最显著的不同就在于，人们在收集数据的时候并没有想好要用它们来做什么。问卷调查的执行成本很高，并且要围绕特定的问题进行精心设计。相反，对于日常交互产生的数据，研究者们首先是尽可能多地收集这些数据，然后才去考虑要基于什么问题来对此进行分析。量化社区团队非常明确他们的兴趣点所在：行人流量、路面交通、空气质量、能量消耗、社交网络、废物处理、废物回收，以及员工和居民的健康和活跃水平。但在设计项目之初，以上所有方面都不重要。哈德逊庭院量化社区项目的开发商对项目既满怀热情，又毫无头绪。"我不清楚项目最终会有哪些有用的应用，"项目负责人说道，"但我清楚，不论做什么你都离不开这些数据。"对待任何事情都要先观察，后提问。

　　研究学者参与到如此大规模的项目中并不常见。但如果能够参与其中，所能获得的行为分析和实验的机会也是无穷的。行为心理学建立在一个异常简单的问题之上：如何能让另一个人的行为变得可预测及可控？那些通过操控周边环境来观察人们反应的实验，都不能回避其中的职业道德困境。一旦这些实验打破了传统心理学实验室的局限，渗透到人们的日常生活当中，这个问题就变得更加政治化了。因为，社会本身被用来为这种科学精英项目服务，供其探索研究。

　　一直以来，行为主义在科学上的有效性都必须建立在一个前提之下，那就是实验的参与者必须对实验完全不知情。这个问题带来很多困扰。2013 年，英国的一位博客作者发现，政府要求求职者填写的一份心理测试调查表完全是弄虚作假，这让政府十分尴尬。不论求职者怎样填写这份问卷，都会得到同样的结果，告诉他们自己在劳动市场上的优势是什么。后来流出的信息表明，这是政府一个名为"行为洞察小组"的部门进行的一项实验，旨在观察求职者在收到心理测试结果后，其行为会受到什么样的影响。那些身居高位的人就是这样操控社会现实来获得自己想要的研究结果的。

在这种实验逻辑下，此前看似完全不合情理甚至是非法的政策，如今得到了落实的可能性。行为心理实验研究结果表明，如果对吸毒或其他轻微犯罪行为的惩罚是快速且确定的，那么，人们的犯罪意愿就会明显降低。要想把惩罚当作一种威慑手段，就要找到上述行为与结果之间明确的关联。从这个角度来看，程序正义就成了改变人们行为模式路上的一块绊脚石。颇受好评的夏威夷缓刑期强制戒毒项目就是直接依据这一实验结果设立的，目的是让那些惯犯清楚，自己一旦重犯，就会立马遭到监禁。

哈德逊庭院量化社区、行为洞察小组的虚假调查以及夏威夷缓刑期强制戒毒等项目有许多共同之处。其中最显著的一点就是，这些项目都对科学抱有高度的乐观态度，相信能够在个人决策方面找到坚实的客观证据，并以此来设计公共政策或商业实践。这种乐观主义态度并不是什么新鲜事物，实际上，每隔几十年都会卷土重来。第一波浪潮出现在 20 世纪 20 年代，兴起自华生和泰勒的"科学管理"理论。第二波则是在 20 世纪

60 年代，随着统计学方法在管理中的兴起而出现，其最引人关注的支持者就是越南战争期间担任美国国防部长的罗伯特·麦克纳马拉。21 世纪头 10 年出现的是第三次科学乐观主义浪潮。

此次行为主义蓬勃发展背后的主要推动力究竟是什么？答案和以前没有什么不同：反哲学的不可知论，以及对大范围监控的热切支持。这两者相辅相成，缺一不可。行为主义者真正的主张是这样的：

关于人们行为背后的动机是什么，一开始我并没有相关的理论支持。对于他们的决定是出自大脑、人际关系，还是出自身体的某一部分或者过去的经历和体验，我并没有做出任何预设。我也不会诉诸道德或政治哲学，因为我是一名科学家。在我可以量度或看清的范畴以外，我不会对人类提出任何理论主张。

但这种极端的不可知论只在一种情况下才有可能成立，那就是，提出这一问题的不可知论者获得了强大的监控能力。这也是为什么每个行为主义科学乐观情绪兴起的新时代，必然伴随着新的信息收集和分析技术的产生和发展。只有科学家才可以自上而下地审视我们，获取我们的数据，观察我们的身体，评估我们的行为，测量我们的输入和产出，也只有他们才有对我们行为背后的动机不做任何预设的特权。

至于我们其他人，在与身边的人交谈或者争论时，我们总是在猜想对方的意图是什么，他们的想法如何，为什么他们会

选择这样的处理方式，以及他们说某些话时背后真正的意思是
什么。从最基础的层面来看，想理解一个人话语的真正含义，
就要对他们的词汇选择和遣词造句的方式进行多重文化预判。
严格来讲，这些预判还远称不上是成形的理论，而更像是一种
经验法则，用以帮助我们理解自身所处的社会环境。至于那种
认为仅仅在数据分析的基础上就可以洞悉人类决策机制的主张，
只属于那些身处高位、拥有俯瞰众生的权力和能力之人。对他
们来说，"理论"只不过是还没有被证实的东西，而在这个大
数据、功能磁共振成像和情感计算技术大行其道的时代，理论
完全可以被他们抛在一边了。

　　我们来看一下今天到底是什么状况。首先是理论上的不可
知论。那些推动"数据科学"发展的梦想，就是希望有一天我
们可以不再受经济学、心理学、社会科学和管理学等理论的束缚。
取而代之的是一种关于选择的普遍科学，通过对大体量的数据
进行数学和物理分析来发现人们行为中的普遍规律。我们会建
立一门揭示人们何以如此行为的科学，取代现有的关于市场的
科学（经济学）、关于工作的科学（管理学）、关于消费者选
择的科学（市场研究）以及关于组织和协同的科学（社会学）。
"理论的终结"意味着现有的这些平行学科的终结，以及一个
新时代的到来，神经系统科学家和大数据分析专家通力合作，
找到关于决策制定的铁律。

　　关于人类所做的假设越少，所得到的科学发现就越为可靠。
在历史上有相当长一段时期，行为主义主要依靠的是对动物的

研究，例如老鼠。华生之所以能成为美国心理学界的一位革命性人物，就在于他坚定地认为，相同的技术应该被用于对整个人类的研究。今天，"数据分析专家（掌握探索海量数据的算法技术的数学家和物理学家）"让实现人类行为可预测的目标看起来更加容易，因为他们不必被那些区分人类及人类社会与其他系统之间差别的理论所累。

第二就是监控技术。就像哈德逊庭院和行为洞察小组这样的例子所表明的那样，行为主义能够迎来繁荣新时代的前提在于，政治权威与学术研究者之间的联合达到了一个新高度。没有这种联合，社会科学家们就只能在"理论"和"理解"的荫照下苦苦探求，就像我们每个人在日常生活中试图去了解别人那样。另外一种情况就是，由于其对近十亿用户线上活动强大的观察能力和数据分析能力，脸书这样的公司能够在不同的品味、情绪或行为如何影响人的这一问题上得到确凿、客观的结论。

神经系统科学加上大规模监控技术，决策行为专家就成了一个新兴产业，随时准备预测某位个体在不同的环境下将会做出怎样的选择。《怪诞行为学》的作者丹·艾瑞里和《影响力》的作者罗伯特·西奥迪尼这样的大众心理学家，向人们揭示了人类决策行为背后的真实动机。书中告诉我们，我们本人完全不能掌控这些决策，因为我们不知道自己做出某一选择的原因到底是什么。不论是为了提高工作场所的效率，还是为了制定一项公共政策抑或是追求一位恋爱对象，关于选择的普遍科学均旨在打破此前人们只有迷信而不认事实的状态。不论处于何种情况，

"选择"一直都和那些消费建议有很多相同之处，而那些决策科学家们也不像他们看上去那样完全摆脱了偏见和理论的束缚。

以数据为导向研究人类的方法虽然看似合理，实际却助推了监控能力的进一步扩张。人力资源管理是这种数据狂欢催生出的一个最新领域，随着一种名为"人才分析"的工具的诞生，如今，管理者们可以通过计算机算法分析工作中电子邮件往来产生的数据，从而对员工进行评估。波士顿的 Sociometric Solutions 公司则走得更远，他们生产的可佩戴装置可以记录员工的行为、音调和对话，供管理者分析查看。"智慧城市"和"智能家庭"是建立科学乌托邦的新领域，这种环境可以不断地与其中的居民互动，并试图干预他们的行为模式。颇为讽刺的是，这样一个消费主义社会历史阶段，看起来很快我们甚至都不用再费心去做出自己的消费决策了，多亏了"可预测购物行为"分析，商家可以在不征询消费者意见的情况下，仅仅通过算法分析或者在智能家庭监控的基础上，就把我们所需的商品（例如书或日用百货）邮寄到家。

数据商人把这种变化形容得好像是一场启蒙运动：我们摆脱了依靠猜测的旧时代，进入了一个由客观科学主导的新时代，这听起来和边沁对于功利主义对法律和惩罚的影响的理解异曲同工。但这却完全模糊了权力与实现这种形式的"进步"所必需的设备之间的关系。

或许，这一切完全没有什么值得大惊小怪的。我们所有人都本能地知道，我们与朋友之间的数据交换或者信息分享会被自己身处的这个巨大的实验室拿来研究分析。围绕脸书和智慧城市的争议主要集中在这些平台所带来的隐私泄露的风险上。但很大程度上来说，这种新的实验室里产生的科学并没有受到质疑：我们被一种理念深深吸引，那就是，在每个独立个体自由意志的动机之下，每一个选择的背后一定都有某些客观的因素，不论是生理层面的还是经济层面的。然而，人们常常忽略的是，如果没有观察、追踪、监控以及整理分析的工具，这一理念就毫无意义。要么，我们可以获得关于人类行为的解读或理论，以及某种形式的自我管理的可能；要么，我们可以了解关于人类行为的真相，把我们的社会改造成一个大实验室。但我们无法两者兼得。

幸福乌托邦

2014 年，俄罗斯阿尔法银行公布了一项不同寻常的客户理财产品，名为"活动存款账户"。客户可以使用一种可穿戴设备，例如 Fitbit、RunKeeper 或 Jawbone UP，记录自己每天所走的步数。用户每走一步就会有少量的钱存到他们的活动账户，这个账户的存款利息也高于普通账户。阿尔法银行发现，使用这种账户的顾客，新增存款量是其他客户的两倍，每天行走的步数也是俄罗斯人平均步数的 1.5 倍。

一年前，在莫斯科威斯塔瓦科尼亚地铁站进行了一项实验，这是 2014 年莫斯科冬季奥运会准备工作的一部分。地铁站的一台售票机被换成了一种带有感应设备的新机器。乘客可以选择正常支付 30 卢布的地铁车费，或者在机器前面完成 30 个深蹲，如果他们没有在规定的两分钟时间内完成，那么还是要正常支付 30 卢布。

目前，这种健身售票机服务仍然还是一个噱头。但是，活动银行账户则要严肃得多。以提高企业生产率为卖点的员工健身追踪程序也没有任何的娱乐性质。在如何测量主观感觉这一问题上，边沁表达了一种模糊的期望，希望可以通过金钱或者心率测量来实现。在这方面，他对健康专家所使用的基础工具的设想是完全正确的。

幸福产业的下一个阶段是要开发出一种技术，将两种独立的幸福指标关联起来。一元论认为，任何道德或政治成果都可以用一种单一的价值指数来衡量，但是令他们失望的是，从来没有人找到或者建立过这种单一价值指标。钱是一个非常好的指标，但它却遗漏了其他一些影响幸福的心理学和生理学因素。测量血压和心率在某种程度上也没有什么问题，但是却不能显示我们对生活的满意度究竟如何。现在，功能磁共振成像扫描可以实时地将我们的情绪可视化，但却忽略了更广泛意义上的健康和营养指标。情感量表和调查问卷碰上了一个文化问题，那就是，不同文化背景对于某些词汇和症状在理解上的不同。

这就是为什么把身体和金钱指标转化成另外一种测量标准的能力在如今显得如此重要。这种能力可以打破过去横亘在健康指标和愉悦感指标之间的界限，并打造出一种可以全方位计算出最佳决定、结果或政策的工具。这是一种乌托邦式的设想（我取的是乌托邦的字面意思："不存在的地方"）。不可能找到一种单一的指标来衡量人的幸福状况，因为从哲学的层面来看，原本就没有这种单一的量化指标。理论上来说，一元论是有用的，对那些想用简单的方法解决未来的计划的当权者也充满了吸引力。但是，真的会有人"相信"，所有的快乐和痛苦依靠的是一个单一的指标么？当然，我们可以煞有介事地争论这些问题，使用"效用"或"幸福"等词汇来作比喻。但是，如果去掉其中那些客观的神经系统、面部表情、心理学、生理学、行为学和金钱方面的指标，这种虚无缥缈的单一的幸福量化指标也将随之烟消云散。

如果是这样的话，为什么还要制造这种衡量工具？为什么还要大费周章地去保证那些分散的部分可以联系在一起？比如，把我们的银行账户和我们的身体、我们的面部表情和我们的购物习惯关联在一起？在科学乐观主义的支持下，我们被一种没有真正意义的哲学控制了。最终，我们不可能确切地判断出幸福到底是物质的还是意识的。每当我们认定它是前者的时候，我们又总是犹疑不定。但是，测量的工具却在不断发展，一步步地侵入我们的个人和社会生活。

1927年，那位把智威汤逊广告公司研究员踢下楼梯的哥本哈根房客看透了其中的本质：权力的策略。对我们情感的监控、管理和控制之成功，已经到了消灭其他理解人类的方式和其他政治经济观点的程度。这个项目将永远无法到达最初设定的目的地。尽管神经系统科学家宣称，将要突破人类决策机制或情感的"最前沿"，但寻找我们感情背后"客观现实"的步伐将继续受挫，并且扩展到更大的范围。其主要的问题在于，如果幸福可以通过测量工具来表达，如果成功可以用量化的结果来衡量，那么，批判性和解放天性的项目就会陷入困境，它们的能量也会被削弱。

为了追求精神最优化，功利主义几乎可以诉诸任何类型的政策方案，包括准社会主义形式的社会组织和小规模的生产组织，只要看上去能让人们感觉更好更健康就可以。它希望人们处于一种开放式的、符合人道主义的"健康向上"的状态，这种状态可以通过积极心理学家主张的友谊和利他主义行为来实现。但是，如果优化的概念意味着控制人所处的环境和时间、影响人们的决策以及一种无法还原到神经或心理因果关系的自主感的话，那么，它将是完全不可计算的。这种人类自我实现的理念，意味着要由每个个体说出自己的想法，而不是不经意间透露出来；不幸福感成为批判和改良的动力，而不是被治疗的对象；身心关系问题完全被人遗忘，而不是成为冷酷的医学研究的目标；它指向了一种完全不同的政治形式。

多年来，有几个重要的心理学家指出过这一问题，他们强调了精神疾病与权力丧失之间错综复杂的关系。有许多激动人心的项目和实验，试图在一定程度上通过恢复个人掌控自我生活的权力来赋予人们生活的希望。同样，也有一些既不靠行为科学管理也不向人们兜售产品的企业。这些分散的替代选择实际上是一个更大选择的一部分，能够正确地理解它甚至可以更好地追求幸福。

第八章　批判性动物

　　长期以来，人们认为，户外工作有某种心理上和情绪上的益处，尤其是在跟大自然相处的时候。园艺被证实有助于缓解抑郁症，而且有证据表明，绿叶植物可以直接改善情绪。英国国家统计署第一次发布了官方的"国民健康状况"数据，数据显示，英国最幸福的人是住在美丽的苏格兰偏远乡村的居民，而最幸福的工人则是森林管理员。有些研究员甚至认为，绿色可以带来积极的心理效果。

　　把精神有问题的人送到农场工作已经有很长的历史了。挤奶、耕种和收割等日常劳作，为那些不能适应整体社会常态的人们提供了属于他们自己的常态。那些在自己生活中找不到凝聚力的人、那些找不到正经工作的人或者那些遭受重大感情挫折的人发现，植物和动物有一种平复心情的效果。艰苦的农民生活或许也是产生这种效果的原因之一。庄稼歉收、天气糟糕，唯一的应对办法似乎就是大家一起哈哈一笑，再一起重新来过。个人荣耀或者个人责任都是不合时宜的，这与 21 世纪的新自由主义道德体系是截然不同的。

21世纪头几年，贝伦·阿尔德里奇试图在英国湖区的坎布里亚郡建立一座这样的农场。阿尔德里奇在美国的一座"护理农场"工作了一年，还在坎布里亚郡精神健康服务机构工作过。他发现，在多种形式的精神健康服务中，农场这一形式最为稀缺，于是，他开始向地方发展机构和不同的信托基金会申请改善这一状况。后来，他获得了资金支持。2004年，占地10英亩的护理农场项目成立，他们在这里种植蔬菜并在当地市场出售。志愿者们最少只需每周花半天的时间来农场劳动，以帮助他们改善不同的精神和情绪问题。

从资助者、公共决策者和精神健康专家的角度来看，护理农场这个项目取得了巨大的成功。相关评估表明，花时间在农场劳动的人感觉自身的精神状况有了明显改善，并且，与药物治疗方式相比，其效果更为持久。一开始，大多数来到农场的人都是由社会服务工作者和社会保障执业者们介绍来的。但是，随着"社会处方"成为一种被承认的医疗方式，它同样得以与英格兰西北部的执业医师建立起联系。2013年，有130名志愿者花时间在这座农场工作。

从这座农场的成功案例中，我们能得到什么样的启发呢？如果一个人选择将人类精神或大脑视作一种神奇的自治体，有着自身奇怪的习惯、品味、波动和功能失调，并必须得到我们人类的照顾（在管理者、医生和公共决策者的帮助下），那么这种情形就相对明了了。人们偶尔会遭遇自己无法处理的突发精神或神经病痛的折磨。或许是由于某个神经元出了

223

问题，或许是本该避免的压力导致的不正常的荷尔蒙水平干扰了人体的循环代谢，或许他们没有通过节食、锻炼和同理心有效地管理自己的幸福状况。对于这类病症，自然环境和身体活动提供了一种身心疗法，这和药物、理疗并没有什么不同。

毫无疑问，许多护理农场的投资者和英国国家医疗保健服务体系的合作者都会跟你讲述这样的故事。而如今，这种故事也确实俘获了公共决策者和管理者们的心。随着微观神经病学和行为主义的研究发现源源不断地汇入主流媒体（或者自媒体）的大潮，如今人们在谈论自己的生活时，也会讲述这样的故事。我的大脑有些功能失调，需要接受治疗；我的精神又开始捣乱，就像一条不听话的小狗。花时间和植物相处成了一剂良药。毕竟，就像积极心理学家不停提示我们的那样，健康是一种选择。我需要有人来掌控我的大脑和精神。

但阿尔德里奇对自己创立的这一项目的理解却有着很大的不同。他所关心的只是，护理农场是一项事业，而不是要装扮成某种医疗处方。在创办农场之前，他曾获得职业康复专业的硕士学位，该专业主要研究工作如何帮助人们从疾病和痛苦的人生经历中恢复。他的毕业论文是关于参与式管理实践的，旨在探讨民主式商业管理结构"合作社"的好处。

他惊奇地发现，如果让人们参与到公司的管理中来——不论是不是社会企业，可以非常明显地帮助他们重新找回生活的意义以及对企业的归属感。为什么不把这些应用到"护理农场"

项目中来呢？过去，人们只是把农场当作面向精神健康疾病患者的服务项目，而这种合作社则提供了一个赋予人们集体组织和生产权力的模板。

总的来说，所有关于花时间和植物在一起所产生的心理学效果的科学分析都忽略了一个问题，那就是人们"为什么"这样做。园艺和收割变得仅仅以治疗为目的。护理农场的立根之本则与此完全不同。它的组织原则在于志愿者们拥有共同的目的：种植和销售蔬菜。建立农场是为了打造一个"生产型和节约型社区"，这是在英国合法建立合作社的模式之一。所有对护理农场感兴趣的人，不论是顾客、志愿者还是游客，都被鼓励加入农场成为会员，这样就能参与农场的经营决策。志愿者们获得了参与企业管理的机会，只要他们想，不论多高层次的管理他们都可以参与。这不仅可以让你感受"自己动手，丰衣足食"，同样也可以让你得到一种控制感。

护理农场的投资机构以及推荐人们来这里的医生，对于这里所发生的一切有一套自己的理论。而阿尔德里奇和自己的同事们则有另外一套完全不同的理论。按照前者的说法，志愿者们身患疾病，需要接受医学治疗。而后者则认为，他们是在重新发现自己的尊严，锻炼自己的判断能力，并参与到那些在当地市场相当成功的企业运营中去。在第一种理论中，志愿者们是完全被动的，对于自己所处的状况缺乏任何医学相关的理解。而在第二种理论中，志愿者们是积极的，并通过理解和讨论自己所处的环境得到了影响身边世界的机会。

　　这两种理论难道就不能都是正确的么？表面上看，确实可以。对于现实，基于不同的证据和不同的科学方法论，人们可以保留自己不同的看法。更根本的问题在于，如果按照某种心理学和神经病学的解释来行事，对社会、政治或个人生活经历而言究竟意味着什么。一种令人担忧的可能性在于，正是由于从行为主义和医学的角度来理解人的精神——将其视作身体内部的一种器官或默默忍受痛苦的一种工具，才导致我们被困在了与抑郁和焦虑症相关的被动状态之中。一个为了衡量并管理愉悦与痛苦的起伏而设计的社会——也就是边沁所设想的那样——与为了帮助人们发表自己的看法并参与其中的社会相比，必定会出现更多的"精神崩溃"。

理解不幸福

　　人们为什么会不幸福？不幸福时我们应该怎么做？这个问题困扰着哲学家、心理学家、政治家、神经科学家、管理者、经济学家、活动家和医生们。人们给出什么样的答案，很大程度上依赖于他所采用的理论和理解方式。社会学家会从神经科学家那里得到一种答案，而从精神分析学家那里又会得到另外一种答案。我们应该如何解释和应对人类不幸福的状况，这归根结底是个道德和政治问题，我们会选择关注或者故意忽略那些我们想要批判或者指责的部分。

　　贝伦·阿尔德里奇的观点——也就是护理农场成立和运营的基础——就是一个重要的例子。人们将精神（或者大脑）当作某种脱离环境的独立实体，认为其可能由于自身原因而崩溃，需要由专家进行监控和治疗，而这正是造成当今世界众多不幸的文化根源典型的表现症状。权利剥夺是导致抑郁、紧张和焦虑症状激增的内部原因之一。尽管积极心理学家付出了极大的努力，权利剥夺仍是社会、政治和经济体制的产物，而不是神经或者行为学上的失误。拒绝承认这一现实，便是夸大那些据称只有幸福科学才能解决的问题。

在这本书讨论过的众多行为主义和功利主义原则之外，还有一系列传统研究同样关注权利剥夺。20世纪60年代发源于美国的传统社区心理学坚持认为，只有在其所处的社会语境下才能完全理解某个个体。临床心理学家一直以来都公开反对将精神紧张列为医学疾病，而医药公司则一直扮演着推动者的角色。作为资本主义批判者的同盟，这些心理学家——例如英国的戴维·斯莫尔和马克·拉普雷——从更偏向社会学和政治学的角度来理解不幸，并提供了一种理解这些心理症状的新方式。社会传染病学家——如加拿大的卡尔斯·穆坦娜和英国的理查德·威尔金森——正在从事相关研究，试图理解在不同的社会和不同的社会阶层中，根据不同的社会经济状况，精神障碍发生的情况是怎样变化的。

历史中有很多次，这种更为偏向社会学的方式甚至成了商业思路的一部分。就像我们在第三章中提到的，20世纪30至40年代有一段时间，市场研究获得了一种准民主的研究视角，想要揭示人们想从世界中得到什么以及如何看待这个世界。社会学家、统计学家和社会主义者成了代表和传达大众态度的工具。就像我们在第四章中讨论的那样，20 世纪 30 年代伊始，管理者们开始强调团队合作、健康以及热情，这引发了更为激进的分析研究，研究再次强调了工作场所中集体力量和话语权的重要性，这些被认为有利于提高工作效率，改善企业和员工的健康状况。这潜在地指向了一种新的组织模式，而不单单是新的管理技巧。

在幸福测量学历史的每个节点，从启蒙运动一直到现在，当不幸福成为挑战现状的基础时，对不同社会和经济体制的希望就会被重新点燃。理解工作、社会等级、经济压力以及不平等带给人的压力和痛苦是挑战的第一步。一旦身体的症状被用来判断人的行为和精神状态，而不是用来判断权力结构，这种解放精神就会迅速转向保守。与其说是希望破灭，不如说是被招安了。批判也变成内省。而事情其实完全不必如此。

一旦批判的眼光从拥有这些情感和情绪的个体身上转移到了公共机构和制度之上，事情就开始变得完全不一样了。在发达国家，精神疾病的确诊率与整个社会经济不平等状况息息相关，其中以美国最甚。工作的本质以及工作机会的多少对精神健康有着极为重要的影响，组织架构和管理实践也是如此。幸福经济学最为重要的发现之一就是，失业给人造成的负面心理影响，要远远甚于仅仅失去收入。

同时，研究发现，剥夺个体"技术裁量权"和"决策自主权"的工作类型会不断激发人体向血液中排出皮质醇，这会导致动脉硬化以及更高的心脏病发病概率。一点也不奇怪的是，在雇员持股的企业，雇员可以积极参与公司决策，公司权力也更加分散，如此以来，雇员的健康状况就要优于那些普通的股东控股企业。大卫·斯图克勒和桑杰·巴苏针对经济衰退对人们健康的影响展开了一项广泛的研究，他们的研究认为，紧缩政策会导致大众精神和身体状况的恶化，并引发更多不必要的死亡。他们还暗示，经济衰退也可以成为改善大众健康状况的机会。最终，到底选择哪一条道路成了一个政治问题。

当经济学家和公共决策者们的目光仅仅集中在人们有没有工作上时，有相当重要的证据表明，一个团体的组织架构在对其雇员心理健康和生理健康的影响上起着至关重要的作用。例如，人们发现，非营利组织的工作要比私营公司的工作更有成就感，由此也会导致较低的工作压力。如今的公众决策者试图推广一种理念，就是将工作视作对健康有益的因素，而不去考虑工作的意义，这就陷入了行为主义者将人看作实验室小白鼠这一谬论的窠臼，只不过这一次使用的是更精致的"语言行为"。

关于广告和物质主义理想的研究发表了同样引人注目的评论。在美国心理学家蒂姆·卡塞尔的主持下，展开了一系列针对物质主义价值观与幸福感之间关系的研究，研究再次得出了同样令人担忧的结果。那些内心有着强烈物质主义价值观（也就是用金钱来衡量个人的价值）的商学院学生，其幸福感和自我实现感要比那些不持这一价值观的同学更低。研究发现，过分在意自己金钱的人（不论消费方式是过于谨慎还是过于随意），其健康水平更低。物质主义和社会隔离已经被证实是相互促进和增强的：孤独的人会更主动地追求物质上的好处，而物质主义者则面临更高的孤独风险。

广告和市场营销在维持这一负面循环方面扮演了关键的角色；他们（以及他们的金主）这么做也有着明确的经济利益。如果消费和物质主义同时作为个人主义不幸福文化的因和果，那么，这一恶性循环对于市场营销从业者来说就是有利可图的。广告在物质主义价值观的扩张中所扮演的具体角色还有争议，但是，研究至少表明了两者的崛起是正相关的。

这里引用的所有研究都没什么值得特别惊讶的，它们中绝大多数都在主流媒体中引发了巨大的争论。所有的这些研究最终都落脚在同一个问题上，那就是社会和经济中的权力是如何分配的。当个体感觉受到自己无法掌控的力量打击时，不论是管理失职、金融风险、完美的身材、残酷的绩效评估、社交媒体平台永不停歇的实验研究，还是健康专家的金科玉律，他们不仅会发现自己更难在生活中找到满足，同时也面临着遭遇更猛烈崩溃的更大风险。就像穆坦娜的研究所表明的那样，就此而言，处于收入水平最底层的人抵御风险的能力是最低的。在没有稳定收入、工作缺乏安全感的情况下，试图去维持一个稳定的家庭是一个人所能做的压力最大的事情。在关于社会上最缺乏经济安全感、最容易受到冲击的人群这一问题上，任何一位政治家在明确自己立场之前都不应开口讨论精神健康和压力的问题。

如果我们对此有充分的了解，为什么这一关键论述没有取得更大的政治影响？如果我们想要过一种心理和社交生活上都更积极向上的生活，而非高度竞争、孤独寂寞又只关心物质的生活，那么目前，到底是什么在阻碍我们实现这一点呢？从临床心理学、社会流行病学、职业健康、社会学以及社群心理学等方面有大量的证据可以给出解释。问题在于，在对主观感觉与外界环境之间的关系进行科学分析的漫长历史中，总是有一种思潮认为，主观感觉要比客观环境更容易改变。就像现在许多积极心理学家热切推荐人们去做的那样，如果你不能改变给你带来压力的事情，那就改变自己处理和应对事情的方式。这也是为什么政治反对派会被化解掉。

这并不是说改变社会和经济架构是件易事。这是一件不可预料、令人沮丧、结果通常令人失望的事情。但难以否定的一点是，一旦个人以及机构执着地相信自己可以衡量和掌控自己的感觉和选择时，你就几乎不可能再以正当的方式做到这一点。如果那些引发痛苦的问题能有社会或政治层面的解决方案，那么第一步要做的就是，不再用纯粹心理学的视角来看待这些问题。但是，功利主义和行为主义者将个人视作可预测的、可塑的以及可控的（只要有足够强的监控水平）那种观点之所以能够大行其道，并不仅仅是由于集体主义的崩溃。由于背后某种政治或经济利益的驱动，精英阶层在不断地推动其发展，目前，正有另外一股强大的政治力量也在推动着它向前发展。

科学轨道

从 20 世纪 80 年代开始，"大脑的十年"一直延续至今。老布什就曾宣布过，20 世纪 90 年代会是"大脑的十年"。欧洲委员会则在 1992 年颁布了自己版本的"大脑的十年"。2013 年，奥巴马政府宣布了一项新的神经科学研究投资十年计划。所有这一切都将大脑研究的公共投资拉到了一个前所未有的新高度。奥巴马的"大脑行动"在走上正轨之前，预计需要投资 30 亿美元。在 2007 到 2013 年间，欧洲委员会的"第七框架计划"研究项目在神经科学领域投入了将近 20 亿欧元。

1961 年，被艾森豪威尔总统命名为"军事工业复合体"的研究项目，一直是美国神经科学研究的主要推动力量。五角大楼看到了干扰敌方战斗人员和提高本方士兵"韧性"的新机遇。神经科学家保罗·扎克的研究主要围绕催产素在社会和经济领域中的重要性展开，而五角大楼就是他众多咨询服务客户中的一个。在这方面，他们所关注的应该是美国士兵如何才能更容易地获取他们所侵入国家的民众的信任。扎克为他们提出了战地道德交锋中神经系统方面的建议。

工业在大脑研究方面投入巨资一点也不奇怪。制药工业有明显的利益动机去扩展这一科学领域的边界，而神经科学营销推广者则一直希望能一劳永逸地解决大脑中的"购买按钮"。

到那时，唯一的问题就是如何用广告来按动这个按钮。对那些试图影响和控制他人的人——不论是雇员、犯罪分子、士兵、"问题家庭"、瘾君子还是别的什么——来说，神经科学的意义均是不言自明的，即使有时这种意义是被夸大了。能够简单直接地解释一个人为什么会选择 A 而反对 B，以及未来如何改变这一状况，无疑在当权者中有着极大的市场。

　　在政治层面将大脑视作独特的器官最早也就追溯到 20 世纪 90 年代而已，但是它却符合一个持久的传统，而这一传统从 19 世纪晚期开始就将大学研究者、政府和商界捆绑在了一起。广为人知的一点是，20 世纪 50 年代有关行为科学和"决策研究"的项目投资，主要是出于冷战时期的军事目的。自第二次世界大战以来，美国密歇根大学就是这类项目顶尖的研究中心，在行为经济学的演变中占据着核心地位，许多国防相关的研究就是由他们来执行的，主要是为了更好地了解作战条件下的团队合作和战略决策。

　　"社会流行病"的科学研究——2014 年脸书在操纵用户情绪方面所做的实验就与此相关——同样也与美国的国防利益有关联。五角大楼的密涅瓦研究项目自 2008 年启动，目的是搜集一些对美国有重要战略意义的问题和区域的社会科学信息。这其中包括一个与康奈尔大学签订的项目，旨在研究民间骚乱是如何成为一种社会流行病的。密涅瓦项目在康奈尔大学的资助人之一是传播学教授杰弗里·汉考克，他也是脸书研究项目的研究员之一。我们并不是说这是一种"有罪关联"，而仅仅是为了指出某种类型的信息对于某些类型的机构是有某种战略作用的。

大众行为学已经成为非虚构出版物领域一个最火热的门类了，这些读物宣称可以揭示社会影响力背后的秘密，并造就了一批心理学小众明星，比如丹·艾瑞里、罗伯特·西奥迪尼，以及理查德·塞勒这样的行为经济学家。这些学者讲座的出场费在 5 万美元到 7.5 万美元之间不等，这也反映出了他们所提供的知识所进入的社会层次。行为经济学家的圈子直接融入了营销和广告行业，就像 19 世纪末那些在美国冯特实验室访学归德的研究员所做的那样。

这些例子中很少是在关心幸福或者健康的，尽管如今神经科学家们宣称要将情感、感情、抑郁以及幸福"视作"一种可见的、行为上的现象。从这方面来看，幸福最终被彻底去除了主观感受的内容，取而代之的则是一种可供专家审查的客观行为。不论这一理念是不是完全源自边沁，在将个人积极情绪最大化的层面上，所有的这些传统有一个共同点，就是对心理科学进行了某种意义上的政治收买，这些针对人类行为和感情的研究，只是为了对大众进行更好的预测和控制。

关于人类生活的功利主义、生物学以及行为主义表现形式，其科学说服力在西方几乎已经占据了垄断地位。但这是由于巨大的权力和财富资源向此倾斜才得以确保这一状况。我们可以把这定义为"意识形态"。但这样总结的风险在于，我们可能会忽视一点，那就是，在强大的技术和制度支持下，某种关于个人自由的理念正在被建立、发展、维持和强化。这一切并非在市场、资本主义或新自由主义的支持下就神不知鬼不觉地发生了。想要达到如此成功的程度，必须要付出极大的努力、权力和金钱。

行为主义和幸福科学所取得的最大成功，发生在人们开始按照这一专业理论来理解和讲述自己生活之时。作为外行人，我们将自己的失败和悲伤归咎于我们的大脑或者精神上的困扰。带着永久分裂的人格，并在认知行为疗法的支持下，我们把自己训练得对自己的想法更加怀疑和警惕，或者对自己的感情更加包容。倘若一百年前的文化历史学家看到今天的情况，他们一定会感到困惑，因为我们竟然会自愿对自己进行量化的自我监控，主动向数据库提供个人的行为、营养和情绪信息，而动机或许只是竭力想要成为我们不能掌控的大机器的一部分。一旦我们就这样被一分为二，就可能跟自己建立一种关系（或者说友谊？），显然这很容易滋生孤独或者自恋行为。

神秘的诱惑

一个逃离这种硬心理学的出口会是什么样的？如果政治和组织机构已经过度心理学化，将所有社会和经济问题都简单地归咎于某一动机、行为、幸福和大脑，那么，需要怎样做才能将其去心理化？答案之一就是一种持久的诱惑，但我们要警惕这一点。这就像抛硬币一样，一面是残酷的、理性的、客观的心理（以及大脑）科学，另一面则是对意识、自由和感知中神秘不可知的部分浪漫而主观的畅想。

面对一个被简化成受因果的自然力量主导的类机器社会，神秘主义的吸引力变得空前巨大。在声称将所有内心情感呈现到外部世界的极端客观主义神经科学和行为科学面前，主张一切只和当事人有关的极端主观主义具有同样的吸引力。问题在于，这两种哲学理论之间是完全兼容的，两者之间没有任何摩擦，更不要说冲突了。这就是古斯塔夫·费希纳所描述的"身心平行论"。

关于这方面的证据，可以参考"正念"的推广（以及许多积极心理学的其他版本）是如何跟两种理论无缝嫁接的，即在提供关于人类大脑和心理的科学事实的同时，又提倡类似佛教苦修中的静坐，去"留意"事物是如何在意识内外流动的。行为科学和神经科学的局限在于，当其声称要忽略人类自由的主观方面时，这一主张完全是按照大学的研究专家、政府和商界精英的逻辑来理解的。在专注于任何可以被当作"客观"依据的事物之时，他们为更加"主观"和消极的主张留下了生存的空间。新时代的神秘主义乘虚而入。

许多宣扬幸福理论的人，例如理查德·莱雅德，同时在这两个领域的前端探索。他们分析官方的统计数据，引用神经科学的理论，追踪发掘行为主义的数据，以此来打造他们自己关于人类幸福来源的理论。然后，他们开始推广一种新的"世俗信仰"——冥想和正念，通过让非科学专业人士掌控自己的健康状态而在理论上自成一派。结果是，当权者和无权者说着不同的语言，而后者再也没有能力去干扰前者。在这些情况下，公开批判或者谴责有权者已经变得不可能。

　　专家精英的语言和理论正在变得越来越特殊，并逐渐脱离了社会大众。"他们"如何解释人类的生活，而"我们"该如何做，两者已经空前分裂，双方在政治审议上达成一致的可能性大大降低。例如，积极心理学强调，我们所有人都应该停止互相攀比，转而更加专注于感恩心和同理心。但幸福测量的最终目的难道不正是互相对比？难道给一个人"7分"而给另外一个人"6分"不正是为了更方便对比他们两人之间的差异么？一些心理疗法所提供的道德理念往往和支撑它的科学和技术逻辑完全不相干。

　　在无处不在的数字追踪技术和大数据时代，这一问题变得越来越严重。在其著作《信息泛滥》中，传媒批判理论家马克·安德烈维克探讨了信息过量现象是如何催生并促进操纵知识的新方法的产生的。但是，正如他所展示的那样，这些方法中都含有极为不公平的机制。有些人掌控了通过算法分析和数据搜集操控世界的权力，而这个世界中的数据体量大到完全没有办法以一己之力进行分析研究。这些掌控权力的人包括研究机构、社交媒体平台和安全服务机构。但对我们其他人而言，冲动和情感成了我们抉择和简化我们所有决定的依据。这就是数字时代功能性磁共振扫描和感情分析的重要性：将我们的感情可视化、量化以及程式化的工具，成为一座桥梁，将专家小圈子中使用的数学及事实论述和门外汉关于情绪、神秘信仰和感情的理论联系起来。"我们"只能感知周边的世界，而"他们"可以用算法分析这些结果。世界上的人们在同时使用两种不同的语言。

边沁主义最终所造就的乌托邦，就像我们在本书第七章中谈到的，将会是一个用客观标准去衡量一切的社会，在这个社会中，客观与主观之间的界限已经被彻底打破。一旦人们完全了解了幸福，不论当事人有没有体验到，科学家都将知道幸福会在何时何地发生。在成熟的读心技术支持下，他们再也不用从研究对象的"语言行为"中获取信息。我们的脸、眼睛、肢体动作和大脑将代我们表达自己的愉悦和痛苦，决策者再也不用承受"声音的暴政"。这样说或许有些夸张，可能没有一种政治社会能实现这一愿景，但是，这却生动地代表了长久以来心理学和政治科学发展的理想。在这样一个社会里，神秘主义或许能够为个人主义哲学提供一个避难所，但同样也代表着最后的政治无为主义。

"我理解你的感受"

看到别人的大脑"亮起来"实践起来是极其耗费金钱的事。目前，最先进的功能性磁共振扫描仪需要100万美元，而每年的运营成本则在10万到30万美元之间。这一科技在精神疾病、大脑缺陷和伤害检测方面有着重大意义。久而久之，我们日常的情绪、选择和品味被转换成了一种与大脑不同部位相对应的物理表现。现在，神经科学营销专家可以明确发现，什么样的广告能引起大脑某一部位的特定反应，而什么样的广告不能。人们相信，其中蕴含了巨大的商业潜力。但这些科技上的进步在更为根本的社会问题上——也就是理解他人这方面——给了我们多大的帮助？

当边沁写下"天性使人类受到苦与乐两者的主宰"，宣称这两种体验可以被测量的时候，他断言会有一种哲学方法，其中的心理学问题和那些自然科学并没有太大区别。确实，一旦像生物学或者化学那样以"自然"和"客观"的元素为基础，心理学（以及政治学）将会具备真正的科学原理。同样，除了某些生物学特征以外，人类与其他动物也没有太大区别。每种动物都要承受痛苦，人类也一样。这本书中探讨的许多人物在不同的方面都会有此类哲学偏见。而我们头脑中的概念也被相应地塑造了。我们头脑中所有的关于"行为""压力"和"习得性无助"的概念都是源于对老鼠、鸽子和狗的动物实验。

但如果这一哲学是建立在错误的根基之上呢？如果这是一个无论我们的大脑扫描、精神测量和面部表情读取技术多么先进都会一直在犯的错误呢？实际上，如果是我们的科技越成熟，我们就越容易犯这个错误呢？对路德维希·维特根斯坦和他的信徒来讲，边沁所谓的"两个主宰"言论是建立在对心理学语言本质的误解之上的。为了重新发掘政治的不同含义，我们或许要探索一种理解他人情感和行为的不同方式。

维特根斯坦认为，要理解一个词的意义就是要理解这个词的用法，也就是说，理解他人的问题首先是个社会问题。同样，要理解另外一个人的行为就是要理解他的行为对自己和他人的意义是什么。如果我问一个问题："那个人感觉怎么样？"我可以通过解读他们的行为或通过直接询问他们来得出回答。问题的答案并不在他们的大脑或者身体当中，而在于我们两个人如何互动。只要人们承认这是对他们行为和彼此间交流的一种解读，或者是对他们行为意义的理解，就没有什么能够阻止我大致判断他们究竟感觉如何。我不会把他们的感受当作某种客观事实——就像他们的体温那样。他们在告诉我他们自己的感受时，也不会把它当作一种客观事实。

这就指向了心理学语言中一种不同寻常的特质。神经科学家和行为学家也不断地在这一问题上陷入困惑。要理解"幸福""情绪"或"动机"之类的心理学术语，就是要同时理解它在其他人身上是如何表现的（也就是行为）以及在自己身上起到了怎样的作用（也就是体验）。我清楚"幸福"的含义，因为我知道如何从他人的角度来描述它，也知道如何在自己的生活中感受它。但这是一种不同寻常的语言。如果曾经被灌输了"幸福"是一种客观事物这一思想，不论是在你身上还是我身上，我都会对这个词产生误解。

维特根斯坦认为，"心理属性是动物的整体属性。"说"我的膝盖想出去走一走"完全是一派胡言，因为只有人才会想要做某件事。但由于心理学和神经科学中的科学至上论，如今诸如"你的理智想让你买这件东西"或者"我的大脑老是忘记事情"之类的说法变得非常普遍。当我们这样说时，其实忘记了一个事实，那就是"想要"和"忘记"这种行为，只有在解读人类的基础之上、植根在社会关系之中、带有动机和目的的前提之下才有意义。行为主义试图排除上述所有元素，但在这一过程中却对我们用于理解他人的语言体系造成了极大的损害。

心理学也被同一错误困扰，一次又一次地被粗暴地比作或者被简单地归约为生理学或者生物学。当然，不论是试图将心理学归约为生理特征，还是将其置于生理机能或者生物学的隐喻之上，这种企图是本书各个章节中提到的各种理论家们所提出的控制权力和社会的主要策略之一。对杰文斯来说，精神最好是被当作平衡身体机能的工具；对华生来说，精神只不过是可以观察到的一种行为；在西利看来，精神可以在身体中找到；而在莫雷诺眼里，精神能在可测量的社会关系中彰显出来；如今的市场营销人士则喜欢把我们的抉择归因于我们的情绪和大脑；等等。

但我们也不需要（也一定不能）回到费希纳或冯特的二元论。为了彰显精神与肉体截然相反的、主观的、超验的、无形的特质，就要不断地走向二元论的反面，就像是传播一种一半神经科学一半佛教教义的精神教条。想要回到完全私人、完全不为外界所知的精神王国，就要不停地追问自己一些神经质和偏执的问题，例如，"我真实的感觉到底是什么？"或者"我不知道他是不是真的开心。"就是在这样一种令人困惑的哲学领域里，大脑扫描仪的主人才敢承诺一劳永逸地解决所有相关的道德和政治问题。

从根本上来说，选择边沁还是选择维特根斯坦是一个关于做人的意义的问题。边沁假定人类的状况是一种无声的身体病痛，需要精心设计的专业手法进行干预。这是一套基于同理心的伦理学，被外推到处于科学监控下的社会之中。他还认为，人类与动物之间的差别在哲学意义上是无关紧要的。相反，在维特根斯坦看来，没有什么比语言更加重要。人类是会使用语言的动物，而这种语言也是其他人可以理解的。快乐与痛苦失去了自己的优势地位，也不能被当作科学事实。"在你学习语言的时候，你习得了'痛苦'这一概念。"但要在我们用来表达自我的言语之外寻找关于意识的现实，注定是毫无结果的。如果人们有资格为自己讲话，那么，对于预想或者试图测量自己感受的无尽需求就会消失不见。因此，对于无处不在的心理监控技术的需求有可能也会随之消失。

还能怎样认识人类？

心理学和社会科学在维特根斯坦所描述的情境下是完全可行的；它们也确实更加直接。它们试图通过行为和言论来理解他人，它们为此做出的系统性的努力是完全值得的。但它们和我们在日常生活中理解他人的形式并没有太大不同。就像社会心理学家罗姆·哈瑞所认为的，我们都会偶尔遇到无法确定他人意图或者想法的这种问题，但总有办法解决这个问题。"唯一可能的解决办法，"他说道，"就是以对自我的理解为基础去理解别人，进而以我们对同类的理解来更深刻地理解自我。"

从获取心理学信息的层面上来看，这就意味着我们要更加严肃地对待别人的话语。不仅如此，在很大程度上，我们不得不假定，人们所说的就是他们的真实想法，除非我们能确定他们不这么做的理由。行为主义总是试图摆脱人类对于自身感受的"报告"，来寻找背后的真实情感，这是一种坚持认为感情和语言最终还是无法分开的阐释性社会心理学。他们所认为的理解他人的感受，一部分是说当人们使用"感受"这个字眼的时候，要去倾听和理解别人的真实含义。

诸如问卷调查这样的技术，在增进广阔多元的社会中成员之间的相互了解这一方面或许有一定的价值。但话说回来，在进行问卷调查时有太多的误解发生。问卷调查永远不会成为代表自然客观事实的工具；不过，在与人互动查究答案方面，它还是一种有用且有趣的方法。就像重要的心理学家约翰·科隆比在评论幸福调查时所说的那样：

> 幸福并不具备一种决定性的力量，让特定范围内的所有调查参与者以某种特定的方式勾选同一个答案。幸福与问卷反馈之间并不存在一种规律性关系——像温度和汞柱长度之间的关系一样。

这并不意味着幸福问卷没有传达任何信息。但是，其中所传达的信息与调查者和被调查者之间的社会互动是分不开的。试图通过剥离受访者的自我意识（例如，对他们推特信息中的情绪进行分析）来发现比问卷更为客观的事实，实际只是一种妄想。这其中的小伎俩和操纵手段还在研究者与其他所有人之间划开了一条裂痕。

理解这一论点的另外一种方式，就是将心理学明确地理解为一扇通往政治对话之路的大门。这与本书中探讨的边沁主义和行为主义传统是完全相反的，这两种传统将心理学看作向生理学或者经济学前进路上的一个台阶，而正是这种看法关闭了政治对话的大门。如果没出什么差错，心理学的核心问题其实是相对简单的。"那个人在做什么？""那个人现在感觉如何？"很大程度上，这些问题的答案是相对确凿的，而回答这些问题最优先也是最重要的"方法论"就是我们在日常生活中都会遇到的：直接问。

这种方法不受管理经营者的重视一点也不奇怪。它需要一个认真思考的过程。这种方法让人可以用自己的方式对身边的环境做出合理的解读和评判。它还要求人们学会倾听，尽管在一个视觉观察和可视化信息占据统治地位的社会里，人们已经不再重视这种能力了。只有当大脑"被点亮"或者思维"和棒球比赛一样易于观察"——而不是人们有意识地用语言表达自己的情感和判断时，管理者和政府才更有安全感。由于各种原因，看到人们的想法要比听到更加安全。如果机械自动、不靠语言表达的行为主义头脑观念被有智慧的、通过语言表达的观念所取代，那么，整个社会的组织架构就都需要做出改变。

在一个围绕客观心理评测指数建立的社会中，倾听具备一种潜在的破坏性力量。在一个以视觉为基础设计出的政治体系中，将听觉的感知力放在主导地位就显得有些激进了。临床心理学家理查德·本托尔认为，即使是十分严重的"精神疾病"，也可以通过耐心细致的方式介入患者的生活来予以缓解，而如今在西方，这些病症通常是通过药物来治疗的。他这样建议道：

> 如果精神疾病服务想变得更加有效，如果他们的目的是帮助人们解决困难，而不是"管理"他们，那么，重新发掘一门艺术，与病人建立起一种温暖、友善、感同身受的关系就变得非常有必要。

倾听与交谈不能"治愈"他们，因为这些行为本来就不是"治疗措施"。但在精神错乱和精神分裂等症状的背后，那些过往的故事和精神伤害，只有好的倾听者才能发现。

最重要的是要重新认识倾听，这也渗透到了社会科学的其他领域。社会学家莱斯·巴克认为，"倾听这个世界并非一项天生的能力，而是需要后天培训的一种技能，"只是，它迷失在了一个"抽象的、经验主义强力渗透的"社会中，这里充满无穷无尽的数据、曝光、事实和数字。认识他人就是要参与他们的故事，以及他们讲述故事的方式。过去，"意识形态"评论家们提出，大多数人是在一个"错误的意识下"劳作的，他们不清楚自己真正的兴趣是什么。有些讽刺的是，在一个依赖"助推"和脸书隐秘实验的年代，或许更加激进的做法，恰恰就是相信普通人非常清楚自己到底在做什么，能够找到生命的意义，对自己的兴趣也非常明确。在这方面，研究者们要学会谦虚。

所有这些由社会心理学家重新发现的人类能力中，最重要的能力之一就是发言者提供批判性判断的能力。将批评或者抱怨当作某种形式的"不幸福"或"不快乐"，是对这些词语简单粗暴的误解，或者说误解了这些词语背后所蕴含的体验和感受方式。"批评"不会显现在大脑影像中，但这并不意味着当我们做出关键判断的时候，神经科学的层面上什么也没有发生。试图将所有的负面形式全部归纳为不幸福这一单一的神经或精神概念（通常会被归类为抑郁），总体来说，这或许是功利主义带来的最为恶劣的政治后果了。

如果我们可以恰当地理解"批评"和"抱怨"这类概念，我们会认识到，这其中包含了对这个世界的一种特殊形式的负面倾向，不论是批评者还是听众都能意识到这一点。就像哈瑞所说的，"言语抱怨是不满的一部分，因为那些被描述为'不满的人'之所以被如此描述，一部分原因就是他们倾向于抱怨。"如果不理解"批评"和"抱怨"的人也是有着独特的能力去解读和讲述自己生活的人，那么这些概念就毫无意义。"感情分析师"们发掘了大量的推特数据，就是试图在人们不经意间流露出的情感中寻找心理学证据，聆听人们解释自己生活中的对与错，就是赋予人理解和表达的个人尊严。

人们会生气、挑剔、不情愿和沮丧，理解这一点就是要认识到他们这种感觉和行为的背后都是有原因的。人们用不同的方式表达自己，自信的程度也会有所不同，但我们有足够的理由去接受人们对自己生活的描述。如果某人受邀表达他的感受（而不是被要求正确的命名或者量化这种感受），他就将此变成了一个社会现象。一旦人们变得愤怒或挑剔，他们同样也会对自己之外的事物感觉愤怒和挑剔。他们是否被认为是擅于表达的或是老练的，已经完全不重要了。和那种困惑于自己的精神和大脑到底如何工作、自己如何才能改进的状态相比，这已经是一种不那么孤独、不那么压抑、不那么自我中心的状态了。

反对心理控制

行为主义和幸福科学的发展离不开政治力量和金融资本的支撑，想象一下，如果把其中的一小部分挪作他用会是什么状况。目前，我们把成百亿美元的资金用于监控、预测、治疗和期望，并将我们的精神、感觉和大脑中最细小的部分可视化，如果把这成百亿资金中的一小部分，用于设计和实施另外一种政治经济组织形式，会是什么样的状况？这种想法无疑会遭到企业、大学管理层以及政府高层的嘲笑，而这也正显示了如今心理控制技术对政治的重要性。

一个开明的精神健康执业者或社会流行病专家也会觉得这种想法可笑？我觉得不会。许多心理医生和临床心理学家已经完全意识到，人们付钱让他们解决的问题并非起源于某个单一个体的精神或身体，甚至也并非源于一个家庭。它们来自更广泛的社会、政治或经济问题。将心理学和心理医学限定在药物学（或者某种准经济行为学科）的范畴内，实际上大大削弱了这些职业最核心的潜力。但是，如果有机会，我们和他们会提出什么样的要求呢？

拒绝用药物治疗痛苦，这很明显是在与医药行业（以及它们在美国精神医学学会的代表们）的利益相对抗，但这一诉求正在积聚能量。就连20世纪80年代出版的第三版手册的首席创作者罗伯特·斯皮策也认为，用药物治疗人们日常的小问题已经做得过火了。"社会处方"这一现象，可能就是医疗化与建立不同的社会经济制度之间的一个边界。当然，这可能会有两种截然不同的结果：一种是为了共同的利益，去寻求不同的社会和经济合作模式；另外也有可能引起社会关系更广泛的医疗化，人们会单纯地用心理学或者神经医学的益处去衡量工作和休闲的价值。

以对话和合作控制原则为中心构建的商业企业，是人们从自我精神批判转向对外在世界进行批判的一个新起点。雇员持股的企业，其优势之一在于，从20世纪20年代以来，他们对心理控制的依赖要远远低于那些由管理层掌控的公司。人力资源部门所使用的诸如"员工是最重要的资产"之类的陈词滥调，对一个从本质上被员工认可的企业而言，是完全没有必要的。只有在大多数人都可以被牺牲的所有权或管理权架构下，才需要这么多"温和"的说法，来给人一种自己不会被牺牲掉的感觉。

任何有丝毫现实主义特征的组织都必须意识到，对话和咨询在完全为零（就像弗雷德里克·泰勒的主张一样）和永无定论之间，是存在一个最佳权衡点的。支持民主的商业架构，并不意味着企业每时每刻的任何一个决策都要民主。但我们也不清楚管理者独裁是不是还行得通。如果由于效率高、成本低、可以将事情落到实处而支持等级制，那么，更加细致地研读关于不幸福、压力、抑郁以及工作期间走神的研究报告就会发现，哪怕仅仅是出于上述目的，目前的组织架构也已经完全失败了。

　　按照盖洛普公司的估算，由于不幸福的心理状况导致的生产效率降低和税收减少，美国每年要承受约 5000 亿美元的经济损失。如果真是这种情况的话，谁又能说在"泰勒"和"永无定论"之间的坐标系中，工作场合中合作与对话的最佳平衡点不是更接近这两个参照物中的后一方呢？仅仅为了让员工感受到重视的咨询和对话毫无用处，并且这个错误还在一犯再犯。我们的目标不是让员工感觉受重视，而是要重新调整权力关系，使他们可以真正被重视，在这种状态下，自然会对他们的情绪产生一定的影响。

　　将商议放在首位的组织架构很少是正确的，但这很大程度上是因为缺少实践、专业建议和实验。文化评论家雷蒙德·威廉姆斯在 1961 年的一篇文章中写道，应该帮助民众学习并实践民主对话的技巧，这样就可以将其运用到商业管理和当地的社区管理当中。"机构真正的力量就在于此，"他写道，"他们主动传授某种特殊的感知方式，很快我们就会发现，我们远没有足够的机构来有效地教授民主。"合作社企业中的成功范例正面印证了威廉姆斯的观点：假以时日，成员们会更加熟练地进行集体商议，而不再将民主架构当作发泄个人不满和不快的工具。但在这一学习过程中，他们需要外界的支持。这生动地展示了在过去半个世纪，我们的政治文化发生了怎样的改变，威廉姆斯的这一建议在当代社会的版本是教人们坚忍和正念：宁愿和自我建立沉默的关系，也不愿和他人建立有声的关系。

压力可以被当作一种医疗问题，或者也可以被当作一种政治问题。那些在更广泛的社会语境下研究过这一问题的人发现，当个人失去对工作的掌控时，更容易产生压力，因此，政策的关注点应该是岌岌可危的工作和专制独裁的管理，而不是人的身体或药物疗法。2014 年，英国公共卫生学会主席约翰·阿什顿声称，英国应该逐渐采取四天工作制，以缓解过劳和就业不足的问题，而这两者都是导致压力的因素。

如今，在功利主义量化评估和管理的最前线，经济和药物正在逐渐融合成为一门健康科学，并伴随着对人类最优性单一衡量指标的一元论幻想。针对身体的度量标准和旨在提升效率及利润的标准正在趋向同一。这是产生批评和对抗的重要领域。为了表明一种原则立场，我们或许应该明确表明，对健康的追求和对金钱的追求应该保持在两个完全不同的衡量维度。由这条原则继续推断，将会产生几种不同的行为路线，从为公共卫生保健做的辩护，到对工作场合健康监控措施的反对，再到对试图将人的健康行为转化成金钱奖励的手机程序或装备的抵制，等等。

问题并不一定在于市场，不过，市场的确是摆脱无处不在的心理控制的一种手段。传统支付薪金的工作有一定的透明度，这便使得心理和身体管理显得没有必要了。相反，用来提升员工个人自信并使其更加积极乐观的工作福利制和实习制，随后会被进一步的心理控制取代，并往往伴有赤裸裸的剥削。就像本书第五章中讨论的，无论如何，新自由主义对"自由"市场的尊重往往都是被夸大的。市场营销作为降低商业不确定性风险的工具，一直以来都比市场对企业有更大的吸引力。对免费服务——例如大部分社交媒体平台——的质疑，是对更广泛的心理控制技术存有忧虑的表征，这一点不能简单地被归约成传统的对个人隐私的担忧。

20 世纪伊始，广告率先变得"科学化"了，因此，它也成为操纵大众行为最强有力的技术之一。在这个问题上，广告主在自相矛盾中获取了既得利益。消费者是上帝，不可以欺骗；广告仅仅是产品的宣传载体。而另一方面，广告支出不断上涨，品牌的力量不断扩张，营销机构用广告图像轰炸媒体、公共空间、体育和公共机构，而试图阻止这一切发生的努力则遭受了猛烈抨击。如果广告真的是无辜的，那为什么我们身边到处都是？

无广告区运动（反对"视觉污染"）在一些城市取得了显著成效。2006 年，在市长的号召下，巴西的圣保罗市实施了《清洁城市法》，取缔了所有的大广告牌。巴西的另外一些城市也采取了类似措施限制或者禁止广告。还有一些运动的关注面则要更窄一些。2007 年，北京撤下了所有奢侈餐饮消费广告。当时的市长解释说，之所以这样做，是因为这些广告"用夸大的广告词鼓励奢侈消费和享乐，远远超出了低收入市民的消费能力，不利于在首都构建和谐社会"。一家名为"广告警报"的美国机构每年都会举办一届"打广告"大赛，在公共空间撒下广告最多的学校为获胜者，奖金为 5000 美元。

这类运动无可避免地需要依赖某些非常传统的保护公众的理念，并针对一些相对过时的心理控制技术。"免费"媒体和娱乐内容中的产品植入广告则是另外一个不同的问题，而互联网则让营销机构以一种更隐蔽、更个人化的方式，去监控并针对个人需求进行广告投放。"智能"公共设施被认为是包括广告、医疗保健、城市管理以及人力资源管理在内的一切行业的未来，因为这些设施可以持续不断地维持个人和数据中心之间的信息反馈和循环。第七章中讨论的无所不包的实验室，是一个令人感到恐惧的设想，尤其是当人们完全不清楚退路在哪的时候，就不能以此来构建未来。但我们也没有理由认为，公共场合的面部扫描这类行为一定要是合法的。

对于智能的批判会是什么样的？对抗它又意味着什么？会是一场"愚昧"的狂欢吗？还是我们只是抵制佩戴智能手环？边沁主义乌托邦的某些方面看起来是完全逃脱不掉的：情感分析师通过发掘推特信息中的地理位置等相关数据，能够发现哪里是城市中最幸福的街区；一个人按照医嘱，做出更多感恩别人的行为，为的是改善自身情绪、减轻身体压力。但要谨记所有这一切中的哲学悖论，以及他们的历史和政治根源，这至少能在单纯的身体或神经关联以外提供某种东西，让你在不幸福之中感受到一种奇异的幸福的气息，那就是：希望。

致　谢

　　大致来说，我对经济心理学的兴趣开始于 2009 年，那时，我惊奇地发现，行为经济学和神经科学被当作一种对全球金融危机可靠的解释。此后，我在牛津大学科学创新和社会研究所做了两年研究员，这让我有机会开始阅读当时迅猛发展的行为经济学和幸福经济学的相关论著，以及与两者相关的公共政策。研究成果相关的几篇文章包括《不幸福的政治经济学》以及《兴起中的新社群主义》（后者后来获得了伯纳德·克里克《政治季刊》年度最佳文章奖项）。

　　2011 年，我还为公开民主网的"我们的王国"栏目编辑过一系列以幸福为主题的文章。2012 年初，我受贝尔纳黛特·雷恩之邀前往英国塔维斯托克诊所探讨工作，在那期间，我结识了几个很好的生活上和学术上的朋友，其中几位对这本书提供了极大的帮助。塞巴斯蒂安·克雷默的帮助尤为重要，且极富洞见。我要感谢这段时间为我提供帮助的所有同事、讨论问题的伙伴和编辑们。

　　2012 年下半年，在与沃索出版社的编辑贺利思细致讨论这一计划之后，我开始着手写这本书。我在华威大学跨界方法论研究中心的同事们给了我极大的鼓励，在心理测量和量化的思考方面也给了我许多关键的启发。在书稿完成前的最后几个月里，我把其中的一些章节发给了在相关论题上远比我更为专业的朋友们。所有这些朋友们都付出了极大的耐心，即使他们并不完全认可这本书好辩的风格。这些朋友是：莉蒂亚·普莱尔、迈克尔·奎恩、尼克·泰勒、哈维尔·莱绍恩、罗伯·霍宁和约翰·科隆比。我非常感谢这些读者给我的每一条反馈。在这本书的不同创作阶段，朱利安·莫利纳在调研上给我提供了充分的协助，能有这样一位充满热情又如此勤奋的助手我感到十分幸运。在他的帮助下，这本书中的无数细节都得到了改进和提升。

贺利思清晰地把控着这本书的大方向，包括在我略感迷失的时候。和贺利思这样一位出色的编辑合作是一次非常难忘的体验，毫无疑问，他让我成了一名更好的作者。我想感谢他坚定地为这本书投入的巨大精力和给予我的坚定信心。

我还想感谢我的家人和朋友，感谢你们一直以来给予我的支持和对我工作的兴趣，尤其是理查德·海恩斯，你是我最可靠的幸福源泉。在我跟沃索出版社签下这本书之后的几个月里，玛莎表现得兴奋而吵闹，在许多日子里（更多的是夜里），我都担心她会不会让我这本书化为泡影。结果她没有，反而，我认为她神奇地帮我提升了这本书的写作水平。在最后一个月里，当她感到高兴时她会用牙牙学语的口音告诉我们，这印证了维特根斯坦的观点，即幸福并不在于我们能不能找到确凿的证据，而在于我们懂不懂得如何表达。

最后，我要感谢莉蒂亚，一直以来，她为我提供了上面我所提到的所有帮助。从 2011 年春天，当我得知《新左派评论》接受了我讨论幸福的文章的那晚，你为我买的那杯香槟，到 2014 年，我终于提交了这本书的全稿时我们喝的那一整瓶香槟，感谢你为我做的一切。这本书中讨论的大部分议题都是我们一起阅读和探讨过的，我坚信，未来几年在这些课题上，你所能展现的想象力要远远超过我的这本书。我把这本书献给你。

2014 年 10 月